JN119535

Textbook of
Business
Restructuring

事業再構築の教科書

西河豊
YUTAKA NISHIKAWA

石蔵友紅子
TOKUKO ISHIKURA

補助金の結果分析から
不採択対応策まで

三恵社

はじめに

世はまさに事業再構築流行り！

　ご存じの通りコロナ対策として、予算は１兆千億円以上の単年度予算を組んで事業再構築補助金の公募がなされました。

　限度額は１社＊千万です。（その金額も変わるので明記できません）。基本は３分の２の補助です。

　ここでフォーカスされたのは被害を受けた飲食業で、内装費など建築費も申請可能となりました。

　この限度額の大きさと費目の汎用性でこの補助金人気は一気に過熱しました。

　別の流れとして、2020年の半ばから、ＤＸ化と言う言葉がもてはやされました。

　これは、消費者側の利便性が非接触で、上がる形でのビジネススキームです。

　しかし、事業者の多くは、

・考える途中で、どうすれば実効性あるものになるのかわからなくなった

・飲食業ではテイクアウトなど、結局、一斉に同じ方向に動いただけだった

　よって、考えるのに疲れてしまったというのが実態ではないでしょうか？

　こうなると、人の思考は短絡化して、大きな器を作ってしまえば、盛り返せるのではという志向になってしまう様です。

　そのような、器志向のバブル期にあったようなプランが補助金申請において多く見られました。

　結果、補助金限度額を狙った案は避けられましたが平均２〜３千万事業費の案が採択され2020年からこの補助金での事業が始まりました。

ほとんど収益は合わないのではないと危惧します。

　かつて、民主党が政権を取った時に「コンクリートから人へ」というキャッチコピーがもてはやされましたが、その逆になりそうな雰囲気です。

　また、これもコロナ禍の影響で材料代は高騰しているのと、人出不足の影響で建設費も急騰して見積もりの出し直しなどが相次いでいます。

　最も懸念されることとして消費者がまだ、新たな消費に臆病になっている段階ではないでしょうか?

　このような中、私は、事業再構築は必要だけれど、何か勘違いしているのではないか?本当に必要なことは別にあるのではないかと考えるようになりました。

　それは
＊キャッシュフローを意識した経営をすること
＊事業計画書に基づいたしっかりとした計画を作ること
＊社長社員ともに健康な状態で働く健康経営をすること
＊支援策（補助金）プランの真の意味を知ること
です。

　キャッシュフロー経営は重要です。

　そもそも、コロナ禍で最初に倒れたのは、保有現預金資産の少ない自転車操業をしている会社でした。

　企業は無収入寿命といって、突然のリスクに備えて、売り上げがなくても固定費を数カ月は内部留保と長期の借入金で支払えるようにしておくべきです。この無収入寿命というのは最近作られた言葉です。

　その意味では「わが社は無借金経営だ」というのも褒められる言葉ではなくなってきました。

　突然金融機関に支援を仰ぎに行っても、タイムアウトになる危険性があるからです。

　そのキャッシュフロー経営をいかに経営に組み込んでいくかを具体的に

解説したつもりです。

　しっかりとした事業計画書についても重要です。この事業計画書については、以前作ったものがコロナで吹っ飛んでしまいました。
　そして、良く聞かれた言葉は「今は計画の作りようがない」というもので、それは、主に売り上げが読めないというものでした。
　しかし、その目標決定に迷っている時期は過ぎました。
　もう、何らかの指針を決めて前に進まないとどうしようもありません。
　事業再構築補助金については、最も重要な添付資料が、事業計画書とされました。
　これは、本来、
＊コロナで売り上げが減っているから
＊補助金が貰えるから
　という理由で作るべきものではありません。
　しっかりとした事業計画を作りましょう。
　これは、今回のようなリスクが発生したからといって吹っ飛んでしまうものではいけません。
　リスクにも対応したプランを作るべきです。
　そのような視点を込めて書きました。

　次に健康経営です。
　事業主や社員の突然の自殺が増えていますが、これは世情不安を起こすためにあまり報道されません。確実に増えています。
　私自身、2020年10月に心筋梗塞で倒れてしまいました。
　長い期間のストレスで同じような経験をされた事業主も多かったようです。

　これについてはその道の専門家の石蔵友紅子先生に原稿をお願いしました。
　気分障害など現代人が勉強すべき、現代病が生まれています。

また、事業再構築補助金情報ですが、通るパターンがわかってきました。
その事業スキームの4類型を示しました。
また、こういう申請パターンは落ちるという情報もわかってきました。
それも4つのパターンで示しました。

最終章に経済産業省の支援策の真の意図を解説しました。
その意図を知らないで支援策を仰ぐと経営の中身まですくわれてしまいます。

すべてが経営の王道を貫くもので、テクニックを説く本ではありません。
本書を繰り返し読み経営の実践に生かされることを期待しています。

　　ものづくり補助金情報中心
　　経営革新支援認定機関
　　中小企業診断士・社会保険労務士

　　　　　　　　　　　　　　　　　　西河　豊

事業再構築の教科書
～補助金の結果分析から不採択対応策まで～
目　次

参考文献

第1部　事業再構築補助金の関係　中小企業庁サイト

第3部　経営計画策定を学ぶ！　内閣府サイト

第4部　健康経営を知る！

健康経営アドバイザー・エキスパートアドバイザー共通テキスト　東京商工会議所

いつもの不安を解消するためのお守りノート　勝　久寿　永岡書店

第5部　支援策（補助金）の基礎学習をする！　中小企業庁サイト

第1部
事業再構築補助金の研究
～これだけ抑えれば大丈夫！～

序　事業再構築補助金をどう考えるか？

　駆け足で発足の主旨・意義などを見ていきましょう！

　事業再構築補助金は１兆を超える予算額に実施の前年の 2020 年から噂を呼びました。１兆１千億以上の巨額の予算が組まれました。

　この補助金予算については意外に思い切った手を打ちます。

　問題の補助金の経済効果性は過去からあまり検証されていません。

　その結果が国の債務の累積額に反映されています。

　その点はここではいいでしょう！

　その主旨は

＊困っている飲食業の救済

＊コロナ禍下における経営モデルの輩出

です。

＊そして、大事なこととして雇用の維持があります。

　下の２つが重要です。

　例えば、このようにすれば、この店が流行るだけでは逆に時代に逆行してしまいます。そのような自社サイドのことだけしか視野に入っていないプランが多いのです。

　焦点となったのは、事業再構築とは何ぞやということですが、それは、政府の要綱のリーフレットの下についていた業種ごとの類型化モデルパターン以外のヒントはありませんでした。

　再構築というからには、既存事業とのシナジー効果が求められそうですが、これとて絶対公式ではありません。

　既存事業とシナジー効果がなくてもこの環境下で真に社会性のあるプランは採択を受けています。

　結果的にいかなるものが事業再構築にあたるのかはそれぞれの審査員の

考え方に任される形になっています。ということはいわゆる事業再構築というイメージの最大公約数となるべきプランを作るべきです。

　ここでは、４つの類型化に挑みました。

　次に、申請したが不採択を受けた場合、どうするのかの考え方です。

　これも対応法は本章に譲りますが、自分の考えたプランが悪かったのだと反省できる人はあまりいません。

　私は、ここでは、謙虚に反省するということも重要とアドバイスします。それだけ、補助金限度額のみに目がいった無謀なプランが多いのです。

　まずは、どのような主旨でスタートした補助金なのかのと１〜２回募集でどういう採択結果が出たのかから分析に入りましょう。

１．事業再構築補助金補助金の概要

（１）フレームワーク
①対象
新分野展開や業態転換、事業・業種転換等の取組、事業再編又はこれらの取組を通じた規模の拡大等を目指す、以下の要件をすべて満たす企業・団体等の新たな挑戦を支援する。
②申請する時要所の基本条件
１．申請前の直近６か月間のうち、任意の３か月の合計売上高が、コロナ以前の同３か月の合計売上高と比較して１０％以上減少している中小企業等。
第３回目公募より２０２０年４月以降の連続する６カ月の任意の３カ月合計でも良いと改訂されました。同じく、売上高は付加価値額でも良いとされました。
２．事業計画を認定経営革新等支援機関や金融機関と策定し、一体となって事業再構築に取り組む中小企業等。

13

３．補助事業終了後３〜５年で付加価値額の年率平均3.0%(一部5.0%)以上増加、又は従業員一人当たり付加価値額の年率平均3.0%(一部5.0%)以上増加の達成。経営革新法申請の条件と同じ

４．経営革新支援認定機関の確認書が必要です。補助金額３，０００万円を超える場合は金融機関であることが必要

５．事前着手は２０２０年２月１５日分よりの分が申請できる。

②申請枠（読者層を考慮して中堅企業は省略します）

・中小企業

　通常枠

　補助金額 100 万円〜8,000 万円 補助率 2/3

　第3回目公募より、通常枠 20 人以下は上限 4,000 万円

　51 人以上は上限 8,000 万へ（但し 6000 万円を超えた部分は 1/2）とされました。

　大幅賃金引上げ枠（第3回目公募より設定）

　補助金額 【従業員数 101 人以上】8,000 万円超 〜 1 億円

　補助率 中小企業者等 2/3 （6,000 万円超は 1/2）

　卒業枠

　補助金額 6,000 万円超〜1 億円 補助率 2/3

　緊急事態宣言枠

　補助金額 【従業員数 5 人以下】 100 万円 〜 500 万円

　　【従業員数 6〜20 人】 100 万円 〜 1,000 万円

　　【従業員数 21 人以上】 100 万円 〜 1,500 万円 補助率 3/4

　最低賃金枠

　補助金額 【従業員数 5 人以下】 100 万円 〜 500 万円

　　【従業員数 6〜20 人】 100 万円 〜 1,000 万円

　　【従業員数 21 人以上】 100 万円 〜 1,500 万円 補助率 3/4

＊大幅賃金引上げ枠とは多くの従業員を雇用しながら、継続的な賃金引上げに取り組むとともに、従業員を増やして生産性を向上させる中小企業等の事業再構築を支援。（すべての公募回の合計で、150 社限定）

＊卒業枠とは事業再構築を通じて、資本金又は従業員を増やし、３年〜５年の事業計画期間内に中小企業者等から中堅・大企業等へ成長する中小企業者等が行う事業再構築を支援。（すべての公募回の合計で、400 社限定）

＊緊急事態宣言枠とは、令和３年の国による緊急事態宣言発令により深刻な影響を受け、早期に事業再構築が必要な飲食サービス業、宿泊業等を営む中小企業等に対する支援。（緊急事態宣言枠で不採択になっても通常枠で再審査されます）。

＊最低賃金枠とは最低賃金引上げの影響を受け、その原資の確保が困難な特に業況の厳しい中小企業等が取り組む事業再構築に対する支援。

③補助金経費支出可能費目
建物費、機械装置、システム構築費（リース料含む）、外技導入費、専門家経費、運搬費、クラウドサービス利用費、外注費、知的財産権等関連経費、広告宣伝費・販売促進費、研修費、海外旅費

２．指針からの抜粋

・新分野展開の非該当例
「提供量を増大」「過去に製造していたもの」「容易な改変」「既存の製品又は既存の商品若しくはサービスを単に組み合わせ」
・事業転換の定義
中小企業等が新たな製品等を製造等することにより、主たる業種を変更することなく、主たる事業を変更すること
・業種転換の定義
中小企業等が新たな製品を製造することにより、主たる業種を変更するこ

と
・業態転換の定義
製品等の製造方法等を相当程度変更すること
・事業再編の定義
事業再編に該当するためには（事業計画で示す事項）会社法上の組織再編
行為（合併、会社分割、株式交換、株式移転、事業譲渡）等を行い、新た
な事業形態のもとに、新分野展開、事業転換、業種転換又は業態転換のい
ずれかを行うこと
・事業転換・業種転換・業態転換・事業再編もプランに新規性が必要とさ
れますが、その内容は、新分野進出での新規性の解説と重なります。

（２）制度改正の読み方
　公募の制度改正情報が出た場合には、テクニックとしてはそれに合わせ
るだけでは足りず、なぜそうなったのかを考える必要があります。
　それこそが傾向と対策です。

　以下の情報から、次のことが読み取れます。
　＊政府はこのコロナ禍状態が続くとみています。→緊急枠の継続や、事前
着手事項の継続
＊人の雇用が危機に瀕するとみています。→最低賃金枠の不正や、大幅賃
金引上げ枠の未達はペナルティが大きいと読むべきです。
＊通常枠の人数による限度額設定→「器志向」の案を出すなという誘導策
なので、規模に見合った補助金申請しか通りません。（第３回より）

　いずれにしても、国は補助金申請における申請数を人気のバローメータ
とみています。よって今回はある意味、大成功とみています。予算規模は
縮小しても来年度も何らかの形でこの制度は継続します。

（3）新たな事業の売り上げ比率に対する見方

　申請条件として、新分野展開、業態転換は新事業の売り上げ計画が１０％以上、事業転換・業種転換については、売上構成比率で最も高い比率を目指さないといけません。（事業再編については、その他事業再編要件として、上記の該当するタイプに合わせること）。

　この比率については計画段階ではいかようにもプランニング出来るでしょう。補助事業実行後に、いかにチェックして行くのかは現段階では明らかではありません。申請時には計画段階での数字の説得性が必要です。

　なぜ、これだけの売り上げが新分野で伸びるのかのロジックをしっかり書きこむことです。

　第3回目公募より、2020年4月以降に新たに取り組んでいる事業について、「新規性」を有するものとされました。

3．採択結果による分析

　採択結果の分析をしてみましょう。第2回締め切り分までの結果が出ています。（採択率は申請要件を満たしたものを分母とします）。

（1）採択数・率
　第1回締め切り分

応募数	通常枠：16,968 者うち、申請要件を満たした者：14,843 者	
	卒業枠：80 者	同上：69 者
	緊急事態宣言特別枠：5,181 者	同上：4,326 者
	合計：22,229 者	同上：19,238 者
採択数率	通常枠：5,388 者	採択率　36.3%
	卒業枠：52 者	採択率　75.4%
	緊急事態宣言特別枠：2,866 者	採択率　66.3%
	合計 8,306 者	採択率　43.2%

　第2回締め切り分

応募数	通常枠：14,800 者　うち、申請要件を満たした者：13,174 者	
	卒業枠：48 者	同上：36 者
	緊急事態宣言特別枠：5,884 者	同上：5,071 者
	合計：20,800 者	同上：18,333 者
採択数率	通常枠：5,367 者　採択率　40.7%	
	卒業枠：24 者　採択率　66.7%	
	緊急事態宣言特別枠：3,919 者　採択率　77.3%	
	合計 9,336 者　採択率　50.9%	

（2）内容分析

　この表以外にV字回復枠があります。（第1回　2件中1件採択）

　2回の採択率比較より2回目の方が多少審査が甘かったと言えます。

　ルールとして、緊急事態宣言枠は不採択でも、通常枠で再審査されますが、ハードルの高い方に移行しての審査なので採択者として、復活というのは期待できないとみていいでしょう。

・補助申請額（この頁これ以降第1回締め切り分分析）

　所管の分析では1,500万円単位で分析すると100〜1,500万が最も多く4割を超え、次いで4,500万以上の案件が3割割程度となっています。

　総じて1,000万以下と6,000万に二極化しています。

　3,000万をわずかに下回る申請も多くなっています。（金融機関確認書を避けるため）

　補助金申請額と審査との関係性を見るとそれが大きくなるごとに傾斜的に採点は厳しくなります。

　この点を理解出来ていない方が非常に多くなっています。

・事業再構築の認定機関別の採択率

このようなデータも発表されました。（第1回締め切り分結果です）

　認定機関種別ごとの採択率

　中小企業診断士　43.1%　　商工会　36.6%　　　会議所　　34.7%

　信用金庫　　　　39.4%　　税理士　25.8%

　中小企業診断士はこの数字は優れたものがあります。

　というのは、会議所や商工会は出来る案件は所内でこなし、難解な案件を中小企業診断士に振る傾向があるからです。

　その会議所より銀行系の方が高いのも興味深く、やはり厳しく評価する機関の方が上になるということです。

　税理士がこの程度なのは仕方ありません。

中小企業診断士の比率が高いということは、１先当りに時間をかけてやっているということで生産性の視点から見ると低いのかもしれません。

４．自己採点システムの試行

今般、事業再構築の無料診断サービスと連動して、自己評価できる採点システムを考えてみました。

これは、後ほど補助金の審査の実態の解説で審査員はいかに評点をつけているかをベースにしています。

最終章で審査はぱっと見た印象でＡＢＣランクに分けてから後付けで審査評点やコメントをつけていくと説明しています。

その時の当初のインスピレーションにも何かの基準があるはずです。

推測ですが、それが、プラン原型（予算編成含む）と事業計画書フォーマットの出来栄えです。(事業計画書のフォーマットについては詳しくは、前著「非接触ビジネス推進と事業再構築補助金の研究」を参照ください)。

これを前著では、事業転換度、非接触の戦略度合いの２軸としましたが、もっとわかりやすく、プラン原型の優秀性と申請書がいかにうまく書けているかのフオーマット点の２つとしました。

自分なりに試してください。

プラン原型点　５点満点　プランでの5W1H、何をどのようにするか？

ここで、このプラン原型には総事業費（それに基づく補助金請求額）とのバランスも含まれます。それが大きいほど、厳しく実現可能性や事業の効果性を問われるということです。

フオーマット点　５点満点　自分なりにいかに申請書で表現出来ているかで評価します。

一見うまく出来ていてもいかにもコンサルタントのフォーマットのようにみられると評点は上がりません。

最終評価への点数加減

加点　今回評価システムでは、緊急枠の場合、2 点乗せます。

ここでは仮に合格点を 7 点とします。

ここで、気付きを得てください。

プランの元ネタが、1 点や 2 点だといくら申請書を綺麗に書いたところで、合格点に届かないと言うことです。（評価点を上げようとするとプランを変えないといけない場合もあるということです）。

逆に、プラン原型が、そこそこの点であったならば、申請書の書き方で、合否が決まるということです。

例えば、飲食業でコロナ禍の影響を受けている店舗でリニューアルを含む改善案が書かれていれば（審査員の同情票も入り）そこそこのプラン原型点が入るものと思われます。

ただ、そのレベルでの大接戦となっていることが予想されますので申請書の出来栄えも結果に大きく作用するわけです。

自分で採点してくださいと申し上げましたが、ここで大きな問題があります。それは、自社申請分しか知らない中で、自己評価・自己採点というのは困難が伴うということです。

そんな時こそ、商工会議所や、商工会の経営相談窓口で、第 3 者評価をしてもらうことをお勧めします。そのための相談機関です。

金融機関でもいいのですが、担当者が、勉強しているかということと、御社がその金融機関にとって、融資に前向きなスタンスかどうかで評価コメントも変わるかもしれないという点が心配です。

5．総合的対策

（1）自社の都合を表に出さない

　まず、多くの申請書プランを見せていただき感じたことがあります。

　今回、事業再構築補助金では、補助金限度額が8,000万円と常にない大きな額になります。

　そこで、市場を見たプランというよりも自社の都合の方が際立ってしまうことです。

　例えば、たまたま、不稼働の不動産を持っているのでそこに建設費を限度額いっぱいまで使い建築物を建てるなどです。

　そのほとんどが落ちました。すべてとは言いません。

　今回の限度額というのは、採択の最大値と考えた方が良さそうです。

　制度融資にもこのような最大値としての限度額がありますが、実際の与信額にはその会社に見合った限度というものがあります。

　まずは、プランが自社都合になっていないかを見直してください。

（2）一つの予算に偏らない

　これも全てのケースで不可という訳ではありません。

　また、設備資産などは一体のものなので、どうしても大きな額になって大きな額になり不採択となるケースがあります。。

　これは全国的な傾向です。飲食業に焦点を当てた補助金ですのでこれは、事前にも予想されことでした。

　本来予算は補助金事業を成し遂げていくための手段であり、これを機会に補助金で資産取得するという意味ではありません。

　結果的には同じでも、この理屈を理解した書き方とそうでないケースでは申請書のニュアンスが違ってくるでしょう。

　バランスよく配分されている方がベターです。

　現実的にも建設費に偏り過ぎ、補助金再上限となってしまっているプラ

ンはほとんど採択されていません。

　また、例え、採択されたとしても、懸念される情報があります。

　それは、材料費を始めとしてコストがコロナ禍で急騰して、見積り直しなども行われているということです。（人件費も上がっています）。採択されても実行の段階で多くの人が挫折するかもしれません。

　ただ、この予算バランスはプラン原型にも関係しますので難しいケースもあります。

（3）他社批判はしない

　特に今回申請の多いサービス業・飲食業で起こりがちな現象です。

　書くべき項目に差別的優位性というものがあります。

　それを分析するのは良いのですが、筆が行き過ぎて他社をけなしてしまうケースが多くあります。

　これは、審査員の印象として決して勧められるものではありません。

　具体的な数字での比較は良いでしょう、定性評価において自社サイドから評価するのは公平性を欠いています。（飲食のメニューの味など）

　評価するならば第3者評価によるべきです。

　今回、申請者の多くが競争のある商業者であり、差別化を目的として投資するのですから、このポイントには注意すべきです。

（4）やっぱりコロナがキーワード

　なぜ、V字回復を狙うのか？どういう対策を立てるのか？ともにキーワードはコロナです。

　コロナ対策のために作られた補助金なのですから

　例えば、飲食業で、今は落ち込んでいるが、内装変えを始めとして、こういう設備投資をすればお店に客が戻るだけでは、「密になるだけじゃないか？」ということです。

　コロナ被害を説明する部分がプランの動機部分になるのですが、どこか

他人事のような、平板な書き方の申請書もあります。ここは、リアルに心情から書かないとコンサルタントの代筆に思われます。

　当然のことながら申請においても「これは、コロナ対策としても良い」というプランから良い点が付いて採択されています。

６．不採択の場合の対応

　大きな課題になっているのが、不採択先がいかに対応するかです。

　まず、行って欲しいのはプランの反省です。補助金の当落以前に立ち戻り、無茶な案ではなかったのかという目で考え直すことが重要です。

　もしかしたら、無茶な案を止めて貰ったのかもしれません。

　しかし、この反省のステージに立てる人はめったにいないのも事実です。

　次に、勘違いしてはいけないのは、**どうすればいいのかまでは教育してくれない**ということです。

　事業者の多くはここを勘違いしており、不採択後に聞く審査員コメントを教育指導と思ってしまっていると言うことです。

　なぜ、教育されていると思うと間違った方向に行くのかは後述に譲ります。

　不採択の事業所の類型として補助金限度いっぱいまで狙ったプランであるという共通性があります。

　対応法は以下の３つです。

（１）不採択になったことに納得いかないのでほぼ同じ内容で再度出す

　審査員は無作為での割り当てなので同じではありません。

　そこで、不採択であったとしてもボーダーラインであったかもしれません。

　これはこれでひとつの姿勢です。ただし、全く同じと言うのは申請のマナーから見て避けた方が良さそうです。

（２）プラン自体を見直す

　この類型のように謙虚に反省して、プラン自体を見直すということを出来る人は極少数なのです。

　審査は教育ではないと申し上げましたが、無謀なプランは審査員が通さないという面から見ると教育効果はあります。

　審査員（中小企業診断士）は、どのようなことをすればブレイクするかはわからなくても、こんなプランはダメだという見立てには優れたものがあるのです。

　ここで、プランは同じで補助金請求額のみ、縮小して再申請というマイナーチェンジ法を多くの方が思いつかれました。補助金の原則として額が大きいほど慎重審査になるからです。現実的にもその傾向は出ていて、補助金マックスに近いプランの採択率には厳しいものがありました。

　しかし、この方法については私は勧めないという結論に至りました。

　そのプラン自体を見直さない限り同じ結果になるというのが私の見立てです。

（３）補助金申請は諦める

　この決断も、一つの姿勢です。ここで、補助金申請はしなくてもプラン自体は実行してもかまわないのです。

　不採択になったことで劣等感を持つ必要はありません。

　しかし、無謀な案ではなかったのかという検証は必要でしょう。

　真に補助金は必要なのかまでを含めて、実効性のある戦略を練り続ける必要があります。

7．通る４つのプランの類型化

　当事務所では、通る事業再構築と言う観点から以下に説明する４類型に分けました。これに限定するものではありません。自由な発想でのプラン

構築は可能です。何かの気づきにつながらないかと思い説明します。

（1）既存事業とシナジー効果を生む事業展開

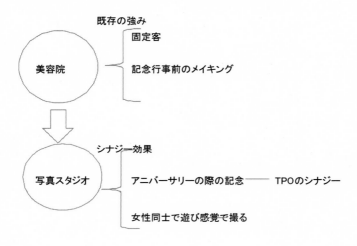

　新たな分野に挑戦することは、必要です。しかし、それが既存事業と全く関係ない分野となると、新分野進出となり事業再構築の観点ではありません。

　国の見方は、既存事業者が新事業を行う場合は自社の経営努力で、リスクを背負える範囲でやって欲しい、これからスタートする個人の場合は創業支援の枠組みの中で支援するというものです。

　既存事業とシナジー効果があるという一点で様々な補助金施策につながっていくのです。極論すれば、申請書上は無理にでもそのシナジー効果を考えるべきです。図表の事例は美容鍼と貸写真スタジオでシナジー効果を訴えるというスキームです。

（2）強みと機会を抽出した事業展開

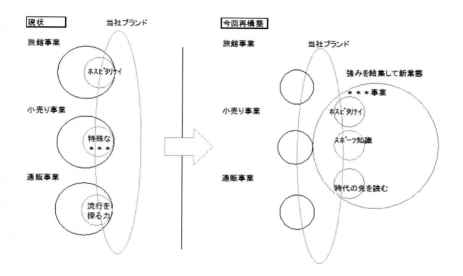

　今回の補助金名称である「事業再構築」という言葉からは、この類型が最も王道でしょう。

　ポイントは環境分析における「強み」と「機会」を最大限生かすということです。

　機会で言えば最近、コロナ禍における消費者の行動変化があり、都心の一等地の商業ゾーンが必ずしも良いわけではなくなってきました。サラリーマンは帰着駅周辺で消費するようになってきます。この帰着駅というのは最近作られた造語です。そのようなエリアにもチャンスが出て来たということです。

　この場合も「では、既存事業の形態はどうするのか？捨てるのか？」が難しい経営判断になります。この取り扱いについては後ほど説明します。

　この類型化においても実態は、既に持っていた遊休不動産の活用、あるいは、集客不足に陥ってしまった店舗のリニューアルというケースが多くいかにそのプランが魅力的かを訴えないと良い評価は取れません。

（3）モノからコトへの展開

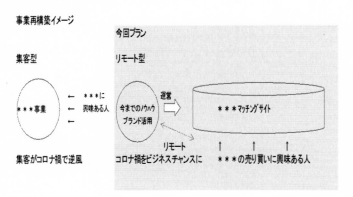

事業再構築イメージ

　これはモノからコトへの業態転換を示し、商品・サービスの売買を糧としていた業種が、その場をマッチング場所として提供するなどの手法です。

　ここで、必要なのは、その商品・サービスの目利き力とそのニッチな業界でのその事業所のネームバリューです。

　後者が欠けている場合が多くあります。

　今、趣味嗜好品のバリエーションは無数にありますが全国からファンを吸引するほどのブランド力がないと成り立ちません。

　また、補助金資金の使い方として、システム構築費用（開発費）はハードルが高いものがありますので、その場合、余程のモデル性がないといけません。

　システム構築費の見積額はいかようになるということがわかっているからです。また国の本音として、どちらかというと形のわかりやすいハード（機械）に投資してほしいのです。

　その場合、ひとつの工夫として、見積り予算の内訳を細かく分けてください。そうすることにより、説得性が少し生まれます。

　この考え方は補助金の話をおいても、時流にマッチしておりマッチングアプリでのビジネスは流行りつつあります。

（4）AI を活用した業態転換

　ここでは、コロナ対策で言えば、いかに人が密集しない形での業態転換が出来るかで、AI 化やロボット・ドローン活用などが考えられます。

　その際にまじめな経営者が悩むのは人が要らないという形の省力化になっていいのかという点です。

　それは、OK です。

　より付加価値の高い業務をするということにすれば良いのです。

　逆に言えば、それを怖がっていてはこの方向での業態転換では何もできません。基本的に設備というものはほぼ全て省力化投資なのです。

　また、このタイプも補助金資金の使い方が、システム構築費用（開発費）となるケースが多くなります。

　その事業によりどの部分が効率化されるのかをわかりやすく説明することが肝要です。またモデル性も必要です。

8．ポイントはむしろ既存事業の取り扱い

　事業再構築補助金で意外と難しいのは既存事業の取り扱いです。
　それが、収益を生まない場合、なくしていっていいのでしょうか？
　まず、それはいいでしょう。売り上げ構成比要件というのがあって、シェアを落としていってもいいのですから
　しかし、そこを安易に新事業に置き換えていくことは考えものです。
　事業再構築というからには、
＊しっかりと既存事業の意味をとらえ
＊コロナの影響をいかに受けているか？
＊それで人の行動はいかに変わるのか？
＊将来性は本当にないのか？
　などコメントすべきです。
　そこを省略している申請書は薄く見えます。

　また、売り上げ内訳の変化のスピードにも十分配慮して何度もシミュレーションしてください。
　新しい手法の消費者への認知は中小企業がアクションしてもそう簡単に広まるものではありません。特にオンリーワンのことをすればなかなか広まらないという矛盾もあります。
　また、丁寧な説明を省略すると消費者離れが起こるという皮肉な現象が起こります。

次章以降を読む方へのメッセージ
　第1部は、いかがだったでしょうか？補助金解説は以上の通りです。
　簡潔に不採択になった場合の対応までまとめたつもりです。
　これをどう考えどうアクションするかはあなた次第です。
　しかし、ちょっと待ってください。

　経営上はこれ以降が重要です。

　経営のミッションは補助金をゲットすることではありません。

　ミッションは経営がゴーイングコンサーンし、社会に貢献することで、キャシュフローが重要になってきます。

　事業再構築補助金で大規模な投資プランを実行するということは尚更キャシュフローが重要になります。

　補助金で返ってくる分があったとしてもです。

第2部
キャッシュフロー経営を学ぶ！
～再構築のフレームに
　　キャッシュの水を流せ！～

序　なぜ、今、キャッシュフロー経営なのか？

　コロナがやって来て、飲食業によっては、手持ち現金のない、自転車操業に近い形でやっているところがあったことがわかり、それに該当する多くの事業所は市場から撤退しました。

　確かに、同情すべき点はあったにしても、資金繰りの法則通り月商の数月分を持っていれば、国の支援策による入金が追いつき事業は継続できたのかもしれません。

　経営というゲームの最低必要条件はキャッシュが続くことです。

　この資金繰りを学ぶという観点から見るとその研究は遅れており、本を読んでも実践に結び付くヒントはあまりありません。

　また、会計が時代につれ変わっているのにその教科書は変わっていない面もあります。

　事例で紹介する京都の有名な某大企業は、その理屈をいかに日々の実践に落としていくかを社員全員で休日研修などを活用して、徹底的に考えています。それは、素晴らしいの一言で、他の企業と成果の面で差がつくのは当然の結果ともいえます。

　本書では、その現在の会計の課題と実践的資金繰りの初歩とその考え方をわかりやすく解説しました。

1．資金繰り教科書の課題

　現下、最も重要なのはお金≒事業の資金の取り扱いです。

　それは、資金調達・運用・経営計画等、多岐にわたりますが、それはひとまず置いておきましょう。

　市販の本ではその内容が難しすぎるのです。

　例えば、事業が苦しくなった時は再生支援と言うジャンルになり、元銀行員の私でさえ難解に感じる内容です。

　難しい上に再生支援のジャンルでは用語が難しく「実抜計画」等の専門用語の略語が多用されます。（行政自ら略語を使うのはどうなのでしょうか？）

　次に、不思議なことに財務や会計の本は時代の進化を無視しているところがあります。

　手形取引・手形割引などがいまだに登場します。

　現在のビジネスと言うのは、ほとんどの企業が、ネットでの振り込みを活用しているのにそれに追いついていません。

　増加運転資金公式は売掛の増える分＋在庫の増える分─買い掛けの増える分で算出されますが、その意味がわかりますか？

　わかったとしてもあまり現状に合っていません。

　買い掛けも売掛も現在は、サイト（支払いまでの期間）はほぼ同じであり、在庫でさえ、都度、在庫保管をアウトソーシングしている会社から直送なのではないでしょうか？

　この難解な公式の当てはまるのは、アパレル関連で季節商品をどかんと仕入れて在庫化しておくと言うような古いやり方をしている特殊な業種しか意味がないのです。

　利益率の見方なども全く意味をなさなくなってきています。

粗利益率・売上高営業利益率・売上高経常利益率等の段階での分析のことです。まず、業態の多様化により、比較する指標と言うのがなく、また利益率自体、決算書の組み方により、いかようにも変化するのです。

本書では様々な視点を解説しますが、究極的には今の収支を合わせるという考え方です。

先が見えないと嘆いている人で、たった今の収支が合っていない人が多くいます。

今があっていない人が先を予測しても、外れるし、今が合っていなければ、その誤差は大きくなる懸念があります。

今を着実に合わせていけば、それが、信用となり、着実な未来に向かいます。

人の昔と書いて借りると言う漢字になります。

その信用に、人は貸してくれるのです。

２．既存の手法の問題点

資金繰りの本・経営計画策定の本の書き方で作者が大きく勘違いしているところがあります。

致命的な錯覚とも言えます。

それらの図書は作り方をゼロ知識から説明する形になりますがポイントはそこではないのです。

経営計画も資金繰り表も足し算引き算の世界で作成テクニックはそれほど要しません。

ほとんどの人は一度は作成したことがあるのです。

うまくいかないので挫折するというのがこの資金繰りの世界です。

それはどういうことでしょうか？

　目標と実績にかい離が出来始め、それが大きくなりやがて実績をつける
のが嫌になると言うことです。

　覚えがある人は多いでしょう？

　特に資金繰り表はかい離が出来始めると意味をなさなくなってしまいま
す。よって、従来方式の作り方は解説しません。

　どのように考えていったらよいのかを解説します。

　私もこの計画と実績のずれに悩み何度やってもうまくいかなかった派で
す。それをいかに解決したかを解説します。

　年間の資金繰り表を組めと言われたら、多くは先に年間計画の損益計算
書を作り、月間の資金回収は年間の売り上げ目標の12分の1をベースに組
み立てるでしょう。

　そのようにしか作れないのです。

　ベースになる売り上げ目標には多くの場合、努力目標が入っています。

　そうなると、年間で計画が未達でずれてきた場合に、資金繰り表の方も
かい離が発生します。

　そこで、損益計算書の方は、これから挽回に頑張るということで意味を
なしたとしても資金繰り表の方は本来資金ショートしないように調整して
いくという目的なので、本来の使途を果たせないこととなってしまいます。

　もうひとつ従来の資金繰り表の持つ欠陥を説明します。

　それは、前期繰越欄、当月残高欄、翌期越し残のところがあくまで架空
の数字であるのに現実のように錯覚してしまうということです。

　この2点をいかに工夫していったらよいのかを説明します。

　ここで、根本的な難しい問題があります。

それは、期初に計画する年間の損益計算書目標は通常達成しないということです。それも惜しいところで達成しないのでは無くて、大きく乖離した結果で終わるということです。

　御社はどのように年間の売り上げ計画を立てておられるでしょうか？
　＊年間実績を得意先別に出す。
　＊相手先ごとに伸びしろを検討して算出して自分の会社の目標とする。
　＊その目標数値を足して全体目標とする。
　この算出の仕方を採りますと前年比1.2倍くらいの会社目標が出来ます。
　しかし、その年度が終わった時に、これで、達成している会社はあるでしょうか？
　良くて、目標の7掛けくらいではないでしょうか？
　実績対比1.2倍の目標なので、7掛けならば、ほぼ前年並みで良しとする？これが最も危ない考え方なのです。
　この手法をとると結果は良くて7掛けで、今後ますます落ちていきます。
　では、なぜ、このような現象が起こるのでしょうか？
　まず、今回のコロナ不況のような、思わぬリスクの話は置いておきましょう。

　それは、販売先企業、競合会社、新規参入会社、異業種から参入してくる会社、仕入れ先がどう出てくるかという事が加味されていないのです。
　もしかしたら新規参入会社は損を覚悟で、大幅デイスカウントしてくるかもしれません。
　これは、マイケル・ポーターの5フォースと言う考えで、そのバランスを常に考えなさいということなのです。
　神田昌典さんは、これからの時代、単純な戦略で臨むとがんばるだけ実績は落ちると言います。
　それは、その上を行く努力をライバル社がしてくるかもしれないからで

す。

　もうひとつこの目標策定のプロセスの欠点は時を固定しているということです。

　昨年度実績に単純に上乗せするということは、時代の変化を読んでいないのです。

　世の中は、５年経てば、環境は一新します。新規創業の８割は５年後残っていないというのは、時代の変化について行けていない証拠ともいえるのです。１年ではその５分の１の兆しがあるのです。

　私も事業を始めてから長くかかってやっとこの積み上げ方式の目標策定がだめなんだと気が付きました。

　ですからこれを読んだ貴方は時間を無駄にして欲しくはないのです。

３．実践的な資金繰りとは？

　まず、年間の資金繰り表は要らないのではないでしょうか？

　年間の損益計算書があれば、すなわちそれが資金繰り表に近いものになります。

　つまり、利益額にお金の出ていかない減価償却費を足し戻して、損益計算書に出てこない借入金の返済を引けば、残ったキャッシュに近づきます。

　この対策は先に仕入れて該当の季節に売って行くアパレル業などには当てはまりません。

　年間の損益計画書策定はやはり必要です。納税額を予想しないといけないからです。

　しかし、資金繰り表は感覚として２〜３月分を作れば十分です。

　そこで、苦しければ、資金繰りテクニックではなくて、借り入れ等の根本的な資金調達の対策を打たないとダメです。先はありません。

　実践的な資金繰りとはどうしていったらいいのでしょうか？

現状の資金繰り表の問題点とは何でしょうか?

それは、売掛回収は実現するまで架空の残高であるのに、前期残からの預金残高欄があることです。

そこでずれが発生して、次第に作る気をなくすのです。

対策として、錯覚を起こしやすい現金残高欄を取り外してしまいます。

その残高はどうして確認していくかというと、手元に常に通帳などを置いてリアルタイムで確認するという方式です。

その方が機動的に対応できます。

売掛金の方で、長期で焦げ付いている先は、この表から外して、別管理した方がベターです。

長期延滞債権は、入ってくる可能性は通常債権より低くなり資金繰りを誤ります。

ここで、ポイントは先の2〜3カ月の入金内容と出金内容を暗記するほどになるということです。

では、実践的資金繰り表を公開します!

その課題解決を工夫したのが次の表であり、通帳の実際の残高と常に照らし合わせて、残高が増えていくのか、苦しいのかを感覚的につかんでいきます。よって、売掛けも支払いも済んだ分は消し込んでいきます。

PDCAサイクルをしっかり回すため、私は常に検証していますので、先2月分くらいは全てリアルタイムで暗記出来ています。

実践的資金繰り表　　　　先2月分を目途に作る

売掛4月			売掛5月			支払い4月			支払い5月		
先名	金額	特記事項	先名	金額	特記事項	日付け	項目	金額	日付け	項目	金額
A社	300,000	未回収分	A社	300,000	月末	4月＊日	電気代	32,000	5月＊日	電気代	32,000
E機関	33,000		B社	9,900		4月＊日	B社支払い	55,000	5月＊日	B社支払い	55,000
F社	500,000		D社	66,000	現金回収	4月＊日	D社支払い	66,000	5月＊日	D社支払い	66,000
R社	120,000		F社	121,500							
			X社	44,000		4月＊日	クレジット	121,000	5月＊日	クレジット	
						4月＊日	賃料	44,000	5月＊日	賃料	44,000
						4月＊日	借入返済	96,875	5月＊日	借入返済	96,850
							暗記するくらい見つめる				
小計	953,000		小計	541,400		小計		414,875	小計		293,850

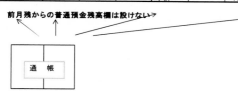

前月残からの普通預金残高欄は設けない→

通　帳

ポイントは

・架空の予想残高に惑わされず、常にリアルタイム残高とその動向をつかむ

・売掛回収、支払い済みはリアルタイムで消し込む

・キャッシュフローが良くなってきたら期末の納税を意識して適切な投資をする

　ということです。

４．自計化が必要！

　自計化とは、発生時点に自分で入力することです。

　物販ならば仕入れの時点で、販売して、回収するまでです。

　そうすることによりキャッシュフロー向上の意識が芽生えます。

　コスト面については１年間自分で入力することにより、年間の流れがつかめます。実は経費支払いは年間同じサイクルなのです。

　また、節約意識にも繋がります。

　悪くなっている現実を見ない人はますます資金繰りが悪くなる傾向があります。

　結果、金融機関からも借りにくくなります。

　要するに足元をしっかりと見つめないといけないのです。

　常に現実と理想のずれを追及して、過去の間違った部分を反省して進むべきです。

　特に設備投資・店舗出店など経営にレバレッジをかける時は万全の資金繰り体制を取らねばなりません。

　レバレッジとは梃子の意味で、人・物・金に投資して事業を広げていくということです。

　自分以外の力を借りるという言葉でも表現できます。

　これは、良い表現で言うと雇用に資する、設備投資に資するということになりますし、悪い表現で言うと、投資して効率に賭けるというギャンブル行為をすることです。

　何においても、良い側面と、悪い側面が裏返しであると言うことですが、このコロナの時代にはもう一つのメリットが見えてきました。

　金融機関は、事業拡大に向けて特に雇用に投資しているから運転資金を貸してくれるのです。

　コロナ禍において士業において、たった一人で事務所をやっておられる

先生が、融資審査を断られるケースが散見されました。

　それは、1人でやっている限り、コストは低く、利益率は高いので、運転資金ではなくて生活資金ニーズと見られてしまうのです。

　言い方を変えるとこのような時にこそ、雇用に資しているということが生きてくるのです。

5．早くスタートを切る！

　自計化と同じく必要なマインドはスピードアップです。

　金融機関勤務の時に効果的な手法を学びました。

　それは、13カ月方式と言って決算期末月（この場合は3月）は、決算に向けて計数を取りまとめるとともに期末の予測値を出して、次年度計画を作るのです。

　2月分頑張らないといけないということから13カ月方式という命名になったようです。このように、金融機関は年度が終わる前に次の年度計画を作るのです。

　逆にこのようにしないとどうなるでしょうか？

　決算が出るまでの数月は競馬で言うところの馬なりで走るということになります。

　一般的に、確定数値が出て、目標策定に手間取っていると約半年を目標なしで済ましてしまうようなところもあります。

　このように早めに決める場合は、過年度の確定数値はざっくりとしたもので良いのは言うまでもありません。

　日常の会計業務においては例えば請求書の問題です。これは業務の履行が終われば、直ぐ出してもいいわけです。

　それを深い意味もなく、わが社の請求書は月末締め翌〇日発送と決める意味は今はありません。

経済が右肩上がりの時はそれでもいいでしょう。

また、取引先との調整でそうなっている場合も仕方ありませんが、そういう理由ではない場合には煩わしくても１件ごとにすぐ請求すべきです。

６．補助金に頼みの体質になってはダメ！

ここでは、補助金・助成金に頼るなと言い切ります。

そのデメリットやリスクも説明しますが、もっと大きなことは結果としてそれで、企業が良くならないからです。

経営革新法と言う補助金ではない有効性のあると思われる戦略の認証制度でさえそうなのです。

では、一見有利な補助金・助成金に内在する危険性とは何なのでしょうか？

補助金によるキャッシュフローリスクが起こります。

補助金が採択されたら現金は減ると言うことを理解しましょう。

設備投資した費用の２分の１が事業終了後に事業補助として戻ってくる形です。（補助率 50％の場合）

よって、本来的には補助費とすべきですが、補助金という方が馴染みやすく申請数も増えるという事情があるのでしょう。ものづくり補助金は誰もが知っている人気の補助金になりました。補助金にエントリーするということは、その事業経費に見合ったキャッシュを準備しなくてはならないということです。実際にはこれだけなく補助事業に係る人の人件費もかかっています。

理解しなくてはならないのは、この補助事業が実り補助事業終了後に売り上げに転嫁できないとキャッシュは減ったままということです。

こうみると補助金事業というのはキャッシュフロー経営とは相反するも

のです。

　事業主は、既存事業と補助事業を分けて、既存事業で常にキャッシュを稼げる状態にしておくことに加えて、設備投資の補助金事業は長期スパンで把握して、キャッシュフローを生み出すように、マーケティングリサーチの精度をアップしていくことが必要です。

　補助金制度がキャッシュフローに反するのになぜこの制度があるのかというと、皆がキャッシュフロー経営を目指して短期的利益を狙いにいくと、ものづくりの本来の強みが失われるのではという国の配慮があります。

7．社員の意識統一と仕組み化

　社員全員がキャッシュフロー化への意識を持つことが大切です。

　このようなキャッシュフロー哲学を社長がしっかりと体得して、社員全体に根付かせる必要があります。これだけの研修も効果的です。

　このような教育が最もなされているのが、京セラです。

　京セラの営業社員は商談相手を見つけると早足できます。

　それは、自分の1秒1秒がコストであることをわかっているからです。

　この他にも京セラでは、売掛金を他社よりも早く回収するシステムが工夫されています。そこまで実践しないとだめなのです。

　仕組み化でひとつだけ事例を上げておきます。

　取引相手が自社の取引のないA信用金庫の小切手を支払い時に切っていたとします。

　普通ならば、貴方は自分の取引銀行のB銀行で小切手入金するでしょう？

　しかし、それは、現金化されていない状況です。

　その小切手は、手形交換所を通じて、2日間かかり、現金化されます。（テテ2といいます）。

しかし、その交換日に相手先銀行の当座に残高がなければ、不渡りとなり、現金化されません。

　では、ここで、考えて、相手先のＡ取引信用金庫の該当支店に口座を持てばどうなるのでしょうか？

　同店間ですので、その日に取り立てに行きます。（タテ０といいます）。

　他の事業者より先に債権を抑えに行くのです。

　この口座を作るということが出来るかどうかは別問題ですが、実際そこまでやっている企業もあるのです。

　ここで、大切なのは、その現金化を業務スキームの中に取り込むマインドであり、発想力です。

８．資金調達手段のバリエーション

　最後に資金繰りの基本的バリエーションを上げておきます。

　資産はなるべくすぐに換金しやすく、負債はなるべく
　・長期化
　・繰り延べ化を図ります。

　銀行借入れでの長期化すれば有利とわかっていても力関係や信用力が関係して、うまく運ばないケースもあります。

　資金調達の手法のバリエーションは以下の通りです。

　資産の部

　①ファクタリング（売掛債権の売却、あるいは、担保にしての借入）

　②在庫の売却

　③固定資産の売却

　負債の部

　④金融機関以外からの借り入れ

　　純資産の部
　　⑤私募債
　　⑥第三者割当増資
　　などです。
　　これら、個別の説明はしません。この時点でこの用語の意味が簡単にでも説明できなければあなたは経営者失格です。

９．本章まとめ

　　資金繰りとは想像力・先手力・行動力です。
　　前もって動くと言うことです。
　　そのためにはまず、自社の数字がどうなっているか掴まねばなりません。
　　それが最優先事項です。そのためには早く数字を出して、今後のリスクを掴まねばなりません。
　　そのためには会計の仕組みを自計化して行くことが必要です。
　　調達に早く動くことがなぜ重要かと言いますと
　　・早く手を打つ方が対策のバリエーションが多くなる。
　　・通常、資金繰りが必要になるケースでは企業価値が落ちていく流れになるので時間が経つほど信用力という面で資金繰りが困難になる。
　　例えば、困っている企業が資産を売却する場合、足元を見られると言うことです。

第 3 部
経営計画策定を学ぶ！
〜コロナで吹っ飛んだ計画を作り直す〜

序　なぜ、今、経営計画策定が必要か？

なぜ、今、しっかりとした経営計画策定が必要なのでしょうか？

①ベースになる計画がコロナで飛んでしまった
2020年にはこんな言葉がよく聞かれました。

計画の立てようがない！

確かに、コロナ不況は過去にない経験で売り上げが読みづらかったというのは仕方なかったかもしれません。しかし、そう嘆く時期はもう過ぎました。悪いシナリオでも、それを織り込んででも計画を作っていかねば前に進むことはできません。その結果、撤退（廃業）という結論もあり得ます。

②単発施策が根拠のないものに見える
　これは、誰に対してでしょうか？
　補助金を申請した場合の審査員、借入申請した場合の金融機関、トップが施策を打ち出した時、それについていかなければならない社員など全ての人に向けてです。

③環境も劇的に変わっている
　考えるべき要素は、本章に譲りますが、このコロナ禍が一変させました。
　しかし、これは、世の中のひずみを顕在化させたもので、突然、降ってわいた要素ではありません。
　また、深く分析すると外部環境と内部環境はリンクしており、強みと弱みは同源となります。
　単なる強みというのはあり得ません。

１．外部環境をよく見よう

　ここまでは、事業再構築補助金の発足主旨や実情、採択されるパターンとはどんなものか、落ちる申請書とはどのような特徴があるのかについてお話してきました。

　では事業計画書で良いプランを書いたら通るの？ということになりますが、まずは、自らの事業が置かれている外部環境を整理してみましょう。

　今、事業者は、少子高齢化、デジタル化など従来から中長期的に起こっている外部環境変化と、今回の新型コロナによる思いもよらなかった急な外部環境変化に直面しています。補助金は、企業や人々が直面するこういった外部環境変化への対応を支援する目的で作られているといえますので、補助金申請を検討する際には大事な要素になります。国の支援策（補助金）と外部関係の関係を少し見てみますと、

　中長期的な外部環境変化に対しては

　「ものづくり補助金」…グローバリゼーションに伴う中小企業の競争力
　向上（設備投資）を目的

　「ＩＴ導入補助金」…デジタル化の進展に伴いＩＴツールの導入を
　支援する目的

　「事業承継補助金」…高齢化による事業所減少の食い止めを目的

　「省エネ補助金」…地球環境悪化を防ぐことを目的

　短期的な外部環境変化に対しては、まさに今直面している新型コロナが事業環境に与える影響を乗り越えるため、

「持続化補助金（コロナ特別対応型）」

「事業再構築補助金」

　などがあります。（最終章でも、それぞれの補助金の真の意味と効用を解説していますので、あわせて読んでください）。

　これから申請をしようという事業主は、自社の事業に関係する外部環境変化とそれによる影響をよく認識しておかねばなりません。では、今、直

面している新型コロナという短期的な変化と、中長期的な変化の2面から見ていきましょう。

2．新型コロナによる短期的な変化

　我が国に新型コロナの感染者が発生してから1年少しが過ぎましたが、ワクチンの効果、変異株の発生など、先行き不透明という状況下です。たった1年の間に、多くの変化が起きました。会社によって影響の度合いは違いますが、どの会社もこの先事業をどうやっていくか考えることを迫られているでしょう。

　新型コロナ禍では、人の移動や接触を大幅に抑制せざるを得ず、人々の生活やビジネスに急激な変化をもたらしました。

（1）人々の生活様式の変化

　緊急事態宣言下では、多くの業種で営業自粛を余儀なくされました。人々は行動自粛が求められ、ステイホーム、三密回避などといって人との接触を減らさなければなくなり、リモートワークの増加など働き方も変わりました。こういったことから巣ごもり消費が増加しました。テイクアウトや宅配利用、家飲みが増えたほか、外出自粛生活によって家ですることの幅が拡がり、筋トレ、趣味（料理、園芸、ＤＩＹ、楽器、映画鑑賞）、オンラインゲーム、自己啓発、サブスクリプションサービス、ペットなどにはまる人々も増えました。

　また、マスク、手指消毒、検温などの感染予防対策を普段からとるようになりました。

　リモートワークに限らず働き方の多様化の動きはコロナ前からありましたが、これで一気に加速しました。副業容認、勤務地分散、フレックスタイム、フリーランスの増加なども進んでいくと見られています。

（２）ビジネスの変化

　飲食業、旅行業、運輸業など、人が外へ出て消費することで成り立つ業種は、販売の激減で大きな痛手を受けました。飲み会が感染の大きな要因とされ、大手居酒屋チェーンが多くの店を焼肉店や唐揚げ店への変更するなど、業態転換したところも見られました。また、世界全般で海外渡航の規制が続き、インバウンド需要に支えられていた業種は大きく顧客を失い、内需への対応などを模索しました。

　一方、巣ごもり消費の増加に対応した色々な動きも見られました。飲食業においては、テイクアウト、宅配サービスなどを新たに始める店が増えました。自宅で消費されるものやサービスを対象とした業種は、ホームセンターが賑わいを見せるなど活況となったところもあります。また、コロナが起こした需要として、感染予防の製品（マスク、手指消毒液、ペーパータオルなどの衛生グッズ）やサービス（消毒サービス、抗ウィルスコーティングサービス）、三密回避用品（ビニールカーテン、卓上アクリル板）や、テレワーク関連（ＩＴ機器、サテライトオフィス、ワーケーション）などがあります。

　ビジネスの手段としては、オンライン商談、非対面・非接触営業、ネット販売、オンライン取引などが増えました。

　世界での人々の動きが止まったり、ロックダウンを行った国の、取引先の事業停止でサプライチェーンへの影響が出たことなどから、国内回帰、生産拠点分散、複数購買先などの動きも見られています。このあたりはリスクマネジメントの世界です。

３．中長期的な外部環境変化

　一方、人口構成、技術の進展、グローバリゼーション、地球環境問題など、中長期的に進んでいく変化があります。主だったものを見ていきましょう。こんな大きなトレンドなんて直接関係ないよと思うものもあるかもしれませんが、よく注意しておかないと自社の事業に関連した思わぬ見落としがあるかもしれません。これらは企業にとってリスクになるものもあり、成長の機会となるものもあります。また、状況が急速に変化するものもあり、ゆっくりと変化が進むものもあります。

（１）人口減少（少子高齢化）
　この問題はかなり前から指摘されていることで、よくご存じと思います。下表（グラフ）のとおり、日本全体の人口が減り、高齢者の比率が上がるのは確実です。

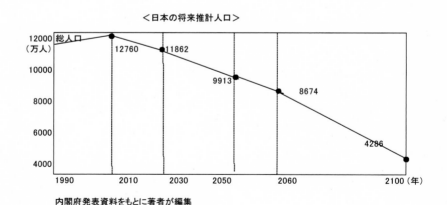

内閣府発表資料をもとに著者が編集

　都市の規模が大きくなるほど高齢化が進むという予測もあります。また、地域によって状況が異なることも考えられます。事業への影響は、マーケットが縮小する、顧客の年代層が変わる（＝嗜好や行動などが変わる）というところですが、マーケットが日本全体なのか、特定地域に集中しているのか、どんな年齢層が対象なのか、など、自社事業の性質に照らしてよく深堀りして見ることが必要でしょう。

（２）ＤＸ（デジタルトランスフォーメーション）
　昨今この言葉を多く目にするようになりました。従来からデジタル化やＩＴ化といった言葉があり、どう違うの？といったところですが、経産省は「企業がビジネス環境の激しい変化に対応し、データとデジタル技術を活用して、顧客や社会のニーズを基に、製品やサービス、ビジネスモデルを変革するとともに、業務そのものや、組織、プロセス、企業文化・風土を変革し、競争上の優位性を確立すること」としています。
　ＤＸでいうデジタルとは、ＩｏＴ、ＡＩ、５Ｇ、ビッグデータやクラウドなどを指しますが、要するに、こういった技術を使って社会や生活を大きく変革させましょうということで、企業にとっては従来事業の業務効率や生産性の向上や、新たな事業創出の両面で課題を与えられているといえます。逆の面から言えば、こういう変革が進むので立ち遅れないようにしましょうとなります。

　ＤＸの推進例として、以下のようなものがあります。

飲食業・・・テイクアウト・デリバリー・ゴーストキッチン
イベント・・・ダイナミックプライシング
営業・・・デジタル展示会・移動ショールーム
事務・・・テレワーク・ワーケーション・ZOOM活用

ＤＸは急速に進むものもあり、「競争上の優位性を確立する」どころではなく、早く対応しないと取り残されてしまうようなことも考えられます。飲食店のＤＸの例として電子決済も挙げられます。お店でキャッシュレス決済ができないと「じゃいいですうー」と客が去っていくという、エアペイのＣＭがありますが、電子マネーを使う人は増えており、お客さんを失わないよう注意が必要です。

（3）SDG's
　この言葉はここ2，3年で目に付くようになったと思いませんか？
　SDG's（Sustainable Development Goals）は、持続可能な開発目標と訳されて、それだけでは何のことかわからないのですが、「誰一人取り残さない」を理念として、社会や地域のあらゆる課題を解決し、持続的な世の中にしようと取り決められた世界共通の目標（ゴール）です。
　これまでの社会や事業の仕組みでは環境破壊や格差拡大など将来に問題を起こすことが予測されますので、そうならないようにと急速に進みつつある大きな社会変革です。
①貧困をなくそう、②飢餓をゼロに、③全ての人に健康と福祉を、④質の高い教育をみんなに、⑤ジェンダー平等を実現しよう、⑥安全な水とトイレを世界中に、⑦エネルギーをみんなにそしてクリーンに、⑧働きがいも経済成長も、⑨産業と技術革新の基盤をつくろう、⑩人や国の不平等をなくそう、⑪住み続けられるまちづくりを、⑫つくる責任つかう責任、⑬気候変動に具体的な対策を、⑭海の豊かさを守ろう、⑮陸の豊かさを守ろう、⑯平和と公正をすべての人に、⑰パートナーシップで目標を達成しよう、という17の目標があり、さらに細かく169のターゲットが作られています。

　それぞれについて、人々の生活を支える様々な事業が、今後大きく変わっていくことが想像されます
　特に、このSDG'sが設けられる発端となった地球環境の問題は大きく、

17 目標の中に複数あります。地球温暖化がもたらす異常気象が急増するなど、このままでは深刻な将来が予想されていることが背景にあります。

　日本は脱炭素社会への目標を出すという面でやや世界から立ち遅れたところがあったのですが、菅総理は排出を 2050 年までに 50％削減する目標を宣言しました。今年に入って政府は 2030 年までに 38％削減するという目標も出しています。ガソリン自動車がＥＶに置き換わり、化石燃料を使う発電を減らしていくだけでなく、モノを作ったり動かす過程で色々な対策が生まれてくるでしょう。脱炭素だけでなく、陸海の汚染防止などもあり、廃棄物の削減、再使用、再利用をはじめ、事業者や生活者などあらゆるものを含めた社内全体が取り組みを求められています。

　以下のような取組です。
・製品を全て再生可能素材とリサイクル素材で作る
・バイオマス原料を使ったプラスチック製品
・フードロスを少なくするパーティー
・廃棄食材を利用した弁当販売
・ＣＯ2 の回収・貯蔵技術開発
・ゼロエネルギービルの建設
・容器回収型通販サービス「Loop」がスタート
・巡回バスを使った野菜販売

　SDG's の認知度は急速に高まっています。ある機関の調査では、我が国の消費者の約 40％が SDG's を認知しており、それは昨年よりも 16 ポイントも伸びているということです。特に若者の認知度は高く、60％を超えているとのことです。企業の SDG's への取り組みを認知した消費者の 70％強が、「その企業の商品やサービスを購入または利用するなど何かしらの行動を起こしたと回答したということです。

　SDG's に取り組まないと企業のリスクにもなってくる可能性がありますが、新しいビジネスのネタも豊富にあると考えてください。

事業再構築補助金の審査項目・加点項目の（4）政策点の中に「先端的なデジタル技術の活用、低炭素技術の活用、経済社会にとって特に重要な技術の活用等を通じて、我が国の経済成長を牽引し得るか」というものがあります。（2）ＤＸ、（3）SDG’sがまさに当てはまります。

　このほかに、グローバリゼーションの進展や、地政学的変化など様々な外部環境変化があります。自社に関係するものがないか、アンテナを張っておくことが必要です。

4．外部環境変化の整理

　短期的な外部環境変化である新型コロナが、何年で収束するかは様々な見解があって甚だ不透明です。過去の感染症流行記録から見て2年ぐらいとも言われていますが。。いずれにしてもアフターコロナがどうなっていくかは注意してみておかねばなりません。全く感染前の状態に回帰するかもしれないし、生活様式や消費形態がかなり変化しているかもしれません。

　一方、中長期的な外部環境変化は続いていくものとみられます。新型コロナによって加速するものもあるでしょう。

　新型コロナによる急速な変化、中長期的な外部環境変化、これらのあらゆるトレンドの全体を一度眺めて見ましょう。そして自社が着目すべきトレンドを抽出しましょう。この時、同じ変化が脅威にもなり、機会にもなることがありますので、固定観念を持たないで分析してみましょう。

	機会	脅威
新型コロナ	新たな消費の仕方	外食の自粛
人口減少（少子高齢化）	高齢者向けニーズの増加	市場の縮小
DX	新たな販売方法	AI による代替え
SDG's	新たな商品開発、市場開拓の芽	新たな競合製品の登場
グローバリゼーション	海外需要の増加	海外からの輸入製品増加

　これらは、ネットなどで情報収集するだけでなく、顧客の動き、注文内容の変化など、自分の事業の中で肌で感じるようにしていただきたいと思います。そして SWOT 分析に落としてみましょう。

5．経営計画作成の意義

　さて、こういった外部環境変化を踏まえながら経営していくために必要となる経営計画のお話に移ります。経営計画は自社の状況を明らかにし、目標を達成するためのプロセスを示すものとなりますが、経営計画を持つということは、事業目標やそのための活動内容を見える形にするという大きな意義があります。
　また、事業を継続・発展させるために必要な資源（資金、人、設備など）を確保する助けとなるものとなります。

①事業の継続や発展のロードマップ
　計画を持たず直観的経営（悪く言えば行き当たりばったり）を続けていくと、経営状態に変化が出た場合に、なぜそうなったのか、何をどう対処すれば良いかが見えなくなる恐れがあります。

周り（事業環境）が変化したのか、目指すところ（目標）が間違っているのか、やり方（実行内容や手順）に問題があるのか、これらは経営計画と現状を見比べてわかるものです。

②資金調達に不可欠

　設備投資や運転資金など、外部から資金を調達する必要が出てきた場合、経営計画なしではまず不可能です。銀行借入では、経営計画は融資判断材料として最低限必要な情報になります。

　補助金の獲得も同様で、そもそも、事業再構築補助金の公募要領において、「事業計画を策定すること」が条件になっています。申請書が審査に合格するかどうかは、ベースとなる経営計画ができているかに左右されると言って過言ではありません。

6．経営計画の原案は経営者自らが作ろう

　経営計画の作り方がよくわからないので専門家（コンサルタント）に任せる（丸投げする）というケースがよく見られます。コンサルは作成方法には長けていても事業のことはよくわかっていませんので、形式は整えどもありきたりなパターンになりがちです。

　これでは、事業主や従業員の腹に落ちず絵に描いた餅になったり、借入や補助金が必要となった場合に、その審査において事業主の意図や熱意が伝わらなくなりかねません。作り方の相談や客観的な意見は頼むとしても、事業のことを一番よく知っている事業主自らが、まずは経営計画の原案を作りましょう。ある程度の要素を抑えていれば難しいものではありません。

　なお、事業再構築補助金では、「事業計画を認定経営革新等支援機関（金額や枠によっては金融機関とも）と策定することとなっておりますので、事前に相談・チェックをしてもらえます。

　経営計画の作成は、自社の経営状況や課題を客観的に把握し、目標を考

える良い機会となります。従業員と一緒に作れば社内に一体感が出て一層よいですね。従業員には計画を見せるだけでも、先行きの不安感を取り除いたりモチベーションＵＰとなる効果も期待できます。

７．経営計画の要素

　経営計画を自己流で作ってしまうと、融資や補助金の申請において大事なことが抜けて説得力を欠くものになりかねません。そうならないよう、経営計画に必要な要素を示したいと思います。決まった項目があるというわけではないですが、概ね以下の要素を盛り込む必要があります。

（１）会社・事業の概要
　会社概要（創業趣旨、沿革、経営理念、ビジョン、組織体制など）や、事業概要（商品・サービス、市場、ビジネスモデルなど）を表します。

（２）経営環境の分析
　事業環境（市場や競合などの外部環境、人・設備・金・ノウハウなど経営資源や能力に関する内部環境）、事業の機会と脅威、自社の強みと弱み、事業上のリスクを確認、分析し、対処すべき課題は何かを表します。

（３）経営戦略・経営目標
　今後進めていく主な事業戦略（ターゲット市場・顧客、商品・サービス開発、価格設定など）、経営の目標値（シェア、売上、利益、付加価値など重要な指標となるもの）を表します。当然ながら戦略や目標の設定は、経営環境の分析結果を踏まえたものでなければなりません。

（４）実行計画・スケジュール
　経営戦略・経営目標を達成するための具体的なアクションプラン（販売

計画、調達計画、生産計画、人員計画、設備投資計画、資金計画など）と、その結果達成すべき損益計画を表します。

　大まかに言えば、経営計画は、自社の事業内容はこういうもので、こういう事業環境にあり、これからどうしていかねばならない、そのためにはこういうことをやり、こういう結果を出す、ということを示すことになります。これらの経営計画の構成要素と、この本のメインテーマである事業再構築補助金の公募要領で示されているポイントや審査項目と比較してみましょう。

経営計画書の一般的要素	事業再構築補助金	
	事業計画に含むポイント	審査項目
会社・事業の概要	・現在の事業の状況	・市場ニーズの検証 ・再構築の必要性
経営環境の分析	・事業環境 ・市場の状況 ・自社の優位性 ・機会・脅威 ・強み・弱み ・課題やリスクと解決法	・事業実施体制・財務の妥当性 ・課題解決の妥当性 ・費用対効果 ・イノベーションへの貢献 ・経済成長への貢献
経営戦略・経営目標	・事業再構築の必要性 ・事業再構築の具体的内容 （製品・サービス、導入設備・工事） ・価格設定	
実行計画・スケジュール	・実施体制 ・スケジュール ・資金調達計画 ・収益計画	

※公募要領、概要（中小企業庁発行）を元に編集

　事業再構築補助金の事業計画ポイントには特有のものもありますが、御覧の通り経営計画に必要な要素にほぼ対応しています。他の補助金では審査項目に多少違いはありますが、大きくは「計画が事業環境や経営能力に見合っているか」、「客観的に実現の可能性があるか」など同じような視点です。銀行借入の審査もほぼ同様の内容を見ることになります。

８．経営計画の策定手順

　経営計画を策定する大きな流れとしては、まずは経営者が経営理念やビジョンにそって理想的な姿を描き、事業の方向性を決めます。そのうえで事業を左右する様々な要因を把握分析し、今後の事業継続・発展するための戦略や目標を定め、それを実現するための具体的なアクションプランを作るということになります。

　７．で挙げた経営計画の構成要素に沿って作っていけばよいので、それぞれの内容や気を付けるべきことを見ていきましょう。

（１）会社・事業の概要

内容	会社概要（創業趣旨、沿革、経営理念、ビジョン、組織体制） 事業概要（商品・サービス、市場、ビジネスモデル）

　この部分は会社の基本的事項です。この会社は何のために存在して、どのような方針で、どんな事業をどのような目的で行っていくのか、経営者の思想が現れるところです。あまり縛られることは無いので自由に書けば良いのですが事業の要約やビジョンを示す部分なので、読む側が理解しやすいように、簡潔さやわかりやすさを大事にしてください。

（2）経営環境の分析

内容	事業環境（市場や競合などの外部環境、人・設備・金・ノウハウなど経営資源や能力に関する内部環境）、事業の機会と脅威、自社の強みと弱み、事業上のリスク、対処すべき課題

＜事業環境＞

　外部環境の変化は、ＤＸやSDG＇ｓ、人口動態などマクロ的なものもあれば、得意先の事業転換、新たな競合の出現やお客様の嗜好の変化など、自社事業に直接関係するミクロの環境もあります。これらマクロ、ミクロのトレンドに対する感度と、できるだけ数値データなどの客観的な情報を集めることが大事です。

　内部環境は、経営の現状（損益、資金繰り）、保有する能力（従業員の量や質、設備の性能、資金力、技術力、加工力、品質、販売ルートなど）などのほか、製品・サービスの持つ魅力などもあります。数値などには表れないものもありますが、そのようなものも出来る限り客観的な目で見てください。事業再構築補助金では付加価値額（営業利益、人件費、減価償却費を足したもの）も重視されていますので、申請を考えている場合はその現状も把握しておいて下さい。

＜機会と脅威、強みと弱み＞

　こういった事業環境を分析した結果、自社事業の機会と脅威、強みと弱みが見えてきます。これらを合わせたものをＳＷＯＴ分析といいます。

　Strength（強み）、Weakness（弱み）、Opportunity（機会）、Threat（脅威）の頭文字をとったものですね。なお、機会と脅威について、同じ事象でも両面を持つ場合があります。例えば、飲食業にとってコロナは人々が外食を控えるという脅威がある反面、巣ごもり需要など機会となるものもあります。イメージが沸くように、説明しましょう。

＜リスク、課題＞

　事業上のリスクについては、これも政治情勢や公的規制、環境問題などのマクロ的なものと、市場リスク（競争激化、代替え製品の登場など）、調達リスク、災害リスク、事故リスクなど、通常の事業運営に直結するリスクとがあります。事業リスクはあるのが当たり前です。経営に大きな影響をもたらすようなリスクについてはできる限り把握し明らかにするようにしましょう。そして、それらへの対応策も検討しておきましょう。特に、新製品や新市場への展開など新しく始めることにはリスクがつきものです。

　この部分が欠落すると、実行段階で「想定外」を多発してしまいまねません。補助金審査では計画の信頼性に疑義を持たれてしまう可能性もあります。

　外部環境と内部環境のギャップ、事業上のリスクから、対処せねばならない課題が見えてきます。ターゲット市場を見直すべきなのか、製品・サービスを変えないといけないのか、従業員のスキルを上げていくべきなのか、など色々と見えてくると思います。これが次の経営戦略や経営目標の設定につながっていきます。

（3）経営戦略・経営目標

内容	今後進めていく主な事業戦略（ターゲット市場・顧客、商品・サービス開発、価格設定など）、経営の目標値（シェア、売上、利益、付加価値など重要な指標となるもの）

　ここからは、経営環境の分析の結果得られた課題解決に向かっての進め方になります。まずは、どのように対応するかの基本方針を決めましょう。

　新市場の開拓、新製品開発、業態転換といったレベルです。複数あっても良いでしょう。なぜその基本方針を選んだかの理由も明確にしておきましょう。事業再構築補助金での事業計画に含むポイントにおいて、この基本方針は「事業再構築の必要性」というものに位置づけられると思います。

基本方針が固まれば、具体的な事業戦略や経営の目標値に入ります。どういう顧客層を狙い、いつまでにどれぐらいの新規顧客を獲得するか、どういう内容の新製品をいつまでに開発しいつごろから販売を開始するかなど、戦略ごとに具体的に表しましょう。

　そして、事業戦略が実現できたらどのような状態になっているかを示しましょう。

　なお、その根拠となる売上予測や市場成長率などの根拠を論理的に示しておきましょう。補助金審査においては、曖昧で根拠が見えない資料は、評価者の信頼を失ってしまいます。

　戦略の難易度によって、中期（3〜5年）にかかるか、短期（1年）でできるかも見えてきます。また、実現できなかった場合にはどうなってしまうかも明確にしておきたいところです。

（4）実行計画・スケジュール

内容	経営戦略・経営目標を達成するための具体的なアクションプラン（販売計画、費用計画、生産計画、人員計画、設備投資計画、資金繰計画、利益計画）

　ここからは経営戦略を実行し、経営目標を達成するための具体的なアクションプラン（行動計画）になり、経営計画の詳細な内容となっていきます。

　経営戦略・経営目標の項で述べたように、難易度によって中期計画（3〜5年）、短期計画（1年）にあ分かれると思います。短期計画は実行性が高く、業務に即した詳細な実行計画に落とすものなので、できれば月別に細分化してください。前年度の反省点があればそれも反映しておくべきです。また、ここは、できれば各業務の責任者に参画させたいものです。

　いったん、事業主が大きな経営戦略や経営目標を示して、それを達成するための計画を現場の状況を踏まえて考えてもらうというようなことです。

　もちろん、できること、できないことがあって、戦略や目標を見直すこ

ともあります。トップダウンとボトムアップの両方の特性を活かしたいですね。

　損益計画、資金計画は特に重要です。損益計画はなぜそういう数値になるのかが示されていないといけません。また資金計画と連動しなければなりません。各アクションプランとの関連もとれていなければなりません。
　事業再構築補助金では「付加価値の向上」が重視されているので注意。資金がどれぐらい必要なのかも損益と関連付けてわかるように。コロナ禍のような環境下では、余裕のある運転資金を計画します。

　計画の種類別に、どのようなものかざっと見ていきましょう。
　＜販売計画＞

> 販売計画書の例
> 商品別、営業所別、地域別などの売上金額、数量、月別、四半期別など

顧客層の変化、新製品の売上開始など、数値の動きについて根拠を示しておきましょう。
　＜費用計画＞
　コストの金額も示せればなお良しです。

> 費用計画書の例
> 人件費、経費（家賃、水道光熱費、運送費、外注費、消耗品費）
> 材料費　など費目別の金額　製造業では製造と販管費に区分
> 月別、四半期別など

これも変動する場合はその根拠を示しておきます。売上や生産などに比例する費用は、販売計画や生産計画との整合が必要です。

＜生産計画＞

> 生産計画書の例
> 製品別、工場別などの生産、仕掛、在庫の金額、数量、月別、
> 四半期別など

販売計画との連動が基本になるので、まずは整合性に注意が必要です。

ただし、将来に備えて戦略的に在庫を作るという考えもあり得ますので、その場合は明確にしておきましょう。

＜人員計画＞

> 人員計画書の例
> 職種別、雇用形態別、事業拠点別などの人員数、所要時間数
> 月別、四半期別など

季節変動で臨時雇用を行う事業などは、変動に応じた推移を示すこと。

＜設備投資計画＞

> 設備投資計画書の例
> 設備の内容、導入時期、投資金額、投資効果、資金調達先

投資効果は明確にしましょう。事業再構築補助金では費用対効果や、既存事業とのシナジー効果が審査項目に入っています。

＜資金繰計画＞

> 資金繰計画書の視点
> 2〜3 期分の変化で、営業キャッシュフローは増しているのか？

コロナ禍では、非常事態宣言の影響で 1〜2 カ月間の営業自粛を余儀なくされ、売り上げ激減した企業が多く見られた。できれば 2 カ月分位の最低資金を確保しておきたいものです。

＜利益計画＞

> 利益計画書の視点
> 利益がどのようなラインを描くのか？
> 　赤字の場合、１期で黒字転換するところまでの改善までは求められないがトレンドで、赤字幅が減少しているか？

　全体の損益を表すものなので、販売計画、費用計画など他の計画全てと整合せねばなりません。主な損益変動要因はここでサマリーしておきます。
　前期との差異分析（要因分析）にはウォーターフォールチャートと呼ばれるものを使うと、わかりやすくなります。

９．計画と実績の管理

　計画は作りっぱなしではいけません。事業は常に変化するものです。実績と比較しながら一定の期間ごとに確認し見直すことが必要です。借り入れを行っている間に万が一、経営状態が悪化し返済が苦しくなった場合では、見直した経営計画を提出し、返済計画の変更などをお願いすることもあります。
　計画と対比した実績の管理は、予算実績管理などの呼び方をされますが、経営に変動が生じた場合に、早期にその傾向を掴み、早期に手段を図ることが目的です。計画が予定通り進んでいるか、結果は想定通りなのか、評価が正しく行えるような進捗管理体制を整えましょう。支払い、給与、売上回収など１カ月単位の締めでお金が動くものが多いので、出来る限り月次での計画と実績の差異を分析し、必要な改善を行いましょう。
　そしてできれば四半期ごとに計画自体の見直しを行い、必要があれば再策定を行いましょう。
　また、経営計画は、一定の期間ごと（中期計画は３〜５年毎、短期計画は毎年など）に作って、継続することが大事です。

１０．複数のシナリオを想定した計画

　コロナ禍における経営計画は、将来予測が非常に難しいと思います。また、短期（年度内）でも大きく揺れ動く可能性があり、しかもいつ動くかわかりません。

　補助金を申請するタイミングによっては、最初に作った計画の実現が難しくなっているかもしれません。

　そのような場合、計画を頻繁に見直す必要が出てくるのですが、変化があるたびに計画を見直してはいられません。

　とすると、振れ幅を予測して予め用意した複数のシナリオの中からその時点の状況に応じて計画を変更するといった方法が有効です。一般的にはシナリオプランニングといわれていますが、あまり多く作ることもできませんので、スタンダードのシナリオ、ワーストシナリオの２つを持っておけば良いでしょう。

　そもそも経営は、リスクと機会を常に考えながら進めねばなりませんので、ある程度のシナリオを頭において事業を進めねばなりません。８．経営計画の策定手順の（２）経営環境の分析で抽出した＜リスクと課題＞をベースに、シナリオを用意しましょう。ワーストシナリオになったときにどのような対応をとるかを決めておくことが大事です。

　中期計画では、ワクチン接種や変異株の状況から、安定した状態になるにはあと２年位かかると見たとすると、この２年間のしのぎ方と、３年後からの事業環境変化や、今回のコロナが収束しても、また別のパンデミックが起こるかもしれないといったことを見据えた絵を描いておく必要がありそうです。

　損益状況を見る方法に損益分岐点分析があります。

　どこが黒字か赤字のターニングポイントになるのか、損益分岐点分析を活用してみてください。難しくはありません。費用を固定費と変動費に分

けて売上の変化によって損益がどう変わるかを見るだけです。

変動費⇒売上に比例する費用（仕入材料費、光熱費（基本料金以外）等

固定費⇒売上に比例しない費用（家賃、従業員基本給など）

図に表すと

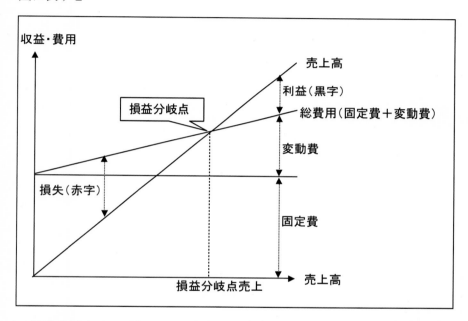

　損益分岐点は、それ以下の売上だと赤字、それ以上だと黒字になるという分岐点を示し、利益がどれだけ出るかの予測もできます。固定費がより低くなる、あるいは売上に対する変動費の割合が低くなると、損益分岐点が下がってきますので、経営の安定度が高まるということになります。

　損益分岐点を下回っている場合、販売量がまず足らないのか、変動費の割合が高い（原価が高すぎる）のか、あるいは売価が低すぎるのか、そもそも固定費が高すぎるのか、といった分析を行います。コロナ禍では販売量が激減する一方、固定費が変わらないということに多くの方が悩まされているのが特徴です。

　事業再構築補助金の公募要領において、表２：審査項目の（５）加点項

目の②では固定費がした協力金の額を上回ること」が加点になると書かれています。日ごろから固定費への意識を持った方が良いということです。

　なお、家賃支援給付金や雇用調整助成金などは、その大きな目的は固定費負担軽減です。これらの支援金が入ってくる場合、固定費ラインを下げられるということです。

第4部
健康経営を知る！
～社員全員が生き生きと働くために！～

序　なぜ、今、健康経営が必要か？

　今、国もこの健康経営を勧めています。

　その背景には、ウイルス禍の長期化による労働者のストレスにも配慮してのことだと思います。

　ところが中小企業の実態としてありがちな風景はトップ一人がハイテンションでいきり立っている、社員は、面従腹背で、一向にモラールが上がらない、ストレスのみを蓄積させているという風景です。

　このような中小企業の体質は昔からのものですが、それにこの外部環境変化によるストレスが加わっています。社長も社員も健康的な体と心で働けるようにするという手を施さないと

＊社員がうつ病になり、休みがちになる

＊優秀な社員が突然辞める

　という現象が表出して、事業継続自体の危機に瀕します。

　この環境では、いままでしてきたいわゆる社内福利厚生策が意味をなくしている、あるいは、実行できないことも考えられます。

　意識をもってこの分野に取り組むべき時代なのです。

1．「健康経営」とは

○従業員の健康保持・増進の取り組みが、将来の収益性等を高める投資であるとの考えの下、健康管理を経営的視点から考え、戦略的に実践すること。

○企業が経営理念に基づき、従業員の健康保持・増進に取り組むことは、従業員の活力向上や生産性の向上等の組織の活性化をもたらし、結果的に業績向上や組織としての価値向上へつながることが期待される。

　新型コロナウイルス感染症の流行から 2 年がたちました。

　今までは健康に気遣うことのなかった人も感染しないように「気を付けなければいけない」という意識が芽生えたと思います。さらに経営者も自分自身はもちろんのこと、従業員とその家族が感染しないように気配りする必要性が出てきました。さらに近年の課題として2つあります。

・うつ病をはじめとするメンタル疾患による休職者が増えていること。（日本は世界で見ても自殺者の多い国）

・定年の引き上げ、定年制の廃止などにより、65歳以上の人材が活躍できる環境の整備。　（労働力人口の減少）

　メンタル疾患や高齢化による様々な病気で社員が長期に休むことによる損失は企業にとってマイナスにしかなりません。「健康経営」を取り入れ、社員が元気に長く働き続けることができる環境を整えることが今、企業に求められています。

2．従業員の健康状態、生活習慣と労働生産性

　何らかの病気によって会社を休む状況を「アブセンティーイズム」と言います。

　一方で「出社はしているものの体調がすぐれず、生産性が低下している状態」による労働生産性の損失を「プレゼンティーイムズ」と言います。

　体調がすぐれない原因として、慢性疲労症候群、うつ病（気分障害）、腰痛、頭痛、花粉症をはじめとしたアレルギー、生活習慣病等が挙げられます。うつ病に至らなくても、気分本位、不安症など外から見ただけではわかりにくいものもあります。　（気分本位、不安症については後ほど説明します）。

　経営者は従業員の仕事の効率が落ちていないか、何かストレスを感じていないかなどを早い段階で気づく努力が求められます。そのためには明らかに病気だとわかりにくい心身の不調について理解を深め、社員の状態が低下していると早く気付き、気づいた時に専門家に相談できる環境を整え

るべきです。

　欧米での研究、日本での最近の研究によれば、「プレゼンテイ―イムズ」によって企業には見えない労働損失（労働生産性の低下による経済的損失）が発生しており、その額は医療費や病気休業にかかる費用よりも大きいとされています。

　「健康経営」の中でもメンタルヘルスに関する取り組みは喫緊の課題です。

3．ヘルスリテラシー向上

　「ヘルスリテラシー」とは何でしょう？

　「リテラシー」とは、読み、書き、計算のような識字能力のことを指します。そして、「ヘルスリテラシー」とは、人生全体にわたって様々な場面で健康保持増進、および改善するために、情報にアクセスし、理解し、評価し、活用する機能と定義されています。（WHO1998、米国異学研究所2004、カナダ公衆衛生協会　2008）

　近年、インターネットの発展により無数の健康医学関連情報にアクセスできるようになりました。

　しかし残念ながらその中には間違った内容や質の低い内容も含まれています。こうした社会において、我々は健康医学情報の中から自分に必要な情報を選び、理解し、評価し、利用する能力が必要となっています。

　特に今、新型コロナ禍でウイルスやワクチン、自分の健康に対して、どの情報を受け取れば良いか理解できずに右往左往する人が多いことがわかってきました。一例をあげますと、ウイルスと細菌の違いを知らない人も見られました。

　個人のヘルスリテラシーが低いことは、危険な行動や不健康な行動を選択し、健康状態の悪化をもたらし、結果として医療費が増大することがわかっています（参考文献：WHO ヨーロッパ事務局）。それは会社で見ると

単に従業員の医療費増大だけでなく、悪い健康状態による欠勤や生産性の低下をも招くことになってしまいます。またヘルスリテラシーは単位個人の健康についての知識、行動や健康状態のみに影響するのではなく、家族や友人、同僚など周囲とも相互に影響して、集団の健康にも影響します。

　ヘルスリテラシーは個人にとっても、会社や社会全体にとっても健康や幸福の実現に欠かせない能力なのです。

４．健康経営優良法人制度

　「健康経営に」に取り組み健康経営優良法人認定を受けるとこんなメリットがあります。
・リクルート市場で優良な企業として評価され、欲しい人材を確保しやすくなる。
・健康経営に取り組む企業は全国平均より離職率が低い傾向。
・有給休暇取得や時間外労働を是正し、ワーク・ライフ・バランスを改善することで病気による労災リスクを軽減できる。
・女性や高齢者も働きやすくなり、経験豊富な優秀な人材を長期間確保できる。
・健康意識の高まりにより社員の活力向上、生産性向上が期待できる。
・対外的に安定した企業として取引先、金融機関からの信頼度、信用度が高まる。
・企業イメージの向上
が図れます。
　参考に中小企業における健康優良法人評価項目は以下の通りです。

①従業員の健康診断の受診（受診率実質 100％）　②受診勧奨に関する取り組み　③50 人未満の事業場におけるストレスチェックの実施　④管理職・従業員への教育　⑤適切な働き方の実現に向けた取り組み　⑥コミュニケーションの促進に向けた取り組み　⑦私病等に関する両立支援の取り

組　⑧保健指導の実施または特定保健指導実施機会の提供に関する取り組み　⑨食生活の改善に向けた取り組み　⑩運動機会の増進に向けた取り組み　⑪女性の健康保持・増進に向けた取り組み　⑫長時間労働者への対応に関する取り組み　⑬メンタルヘルス不調者への対応に関する取り組み（経営理念・組織・評価改善・法令順守・リスクマネジメントは除く）。
　健康経営優良法人認定を受けて社外にアピールしましょう。

5．ヘルスリテラシー強化

　このヘルスリテラシー強化は健康経営優良法人2019（中小事業法人部門認定基準）では、以下のような基準になります。（評価項目：管理職または従業員に対する教育機会の設定）
①または②のいずれかを満たすことを持って適合とする。
研修等による場合
①1年度に少なくとも1回、管理職や従業員に対し、健康をテーマとした従業員研修を実施する。
②定期的な情報提供の場合　少なくとも1ヶ月に1回の頻度で全従業員に対し、健康をテーマとした情報提供を行っていること。個人宛通知、メールや文書回覧等、従業員個人に届く方法とする。

適合例)
①研修等による場合
・従業員等の食生活改善のための栄養研修
・メンタルヘルス向上のための研修とワーク
・運動不足解消、肩こり腰痛予防を目的としたストレッチや体操研修
・禁煙研修
・健康知識向上に関する研修
②定期的な文書提供による場合

・朝礼において健康づくりについて説明
・回覧による健康課題による周知（感染症予防等）

６．気分本位、目的本位？

　以下はメンタルヘルス向上研修とワークに相当します。
「従業員が仕事に誇りややりがいを感じ」（熱意）
「仕事に熱心に取り組み」（没頭）
「仕事から活力を得ていきいきとしている」（活力）
　の３つが揃い、積極的で充実した心理状態を「ワーク・エンゲイジメント」と言います。
　近年、学術研究により、メンタルヘルスの状態は個人の行動やパフォーマンス、生産性に大きな影響を与えることが明らかになってきました。「ワーク・エンゲイジメント」の高い人は、ストレスが低くなる一方、仕事の満足度やパフォーマンスが向上することがわかってきています。メンタルヘルス対策としても注目されています。
　経営者は、従業員に対して、仕事に意味がある、仕事が楽しい、やりがいを感じるから一生懸命働く、という考え方に方向づけていくことが重要で、その取り組みこそが生産性の向上のカギを握るといえるでしょう。

・「ワーク・エンゲイジメント」を高めるための研修とワーク
例）「人前で発表するのが苦手。失敗したらどうしよう。」
「大きな仕事を任されてやり遂げられるか不安。」
「子供が熱を出すたびに早退。会社に迷惑をかけていないか心配。」
これらの不安や心配は「気分本位」と言います。「気分本位」とは、不安ばかりを意識しすぎて、不安な気持ちが行動を支配している状態。この心理状態では「ワーク・エンゲイジメント」が高い状態とは言えません。
　しかし、大きな仕事や人間関係に不安を感じるのは特別なことではあり

ません。不安があるという事はその裏に「こうなりたい。」と思う願望が隠れていることがほとんどです。

・今感じる不安を願望に変えるワーク
例）「人前で発表するのが苦手。失敗したらどうしよう。」
（願望に変換してみる。）⇊
「人前で堂々と話をしたい。」
「人前で何でも堂々とできて、会社に認められたい。」
「会社に認められて、重要な仕事を任されたい。」
上のように不安の裏側には「願望」「達成したい目標、目的」があります。つまり不安は「本来の願望」に気づくサインです。
　次にその願望をかなえるために「何ができるのか」を探します。
・「自分の現実」と「周囲の現実」に目を向ける。
・具体的な行動を考え、実行に移す。
・できることからひとつずつやっていく。
（実際のワークはもう少し細かく自分自身を分析していきます。）
　願望、目標、目的に向かって行動できる状態を「目的本位」と言います。
　「今やるべきことは何か」「今、自分は何をすればよいか」に意識が行くようにワークを通して「目的本位」思考に変えていきます。「目的本位」思考ができることで「ワーク・エンゲイジメント」が高い状態を作ることができます。

７．支援策を活用する

　国（厚生労働省）もこの健康経営が重要であるとして推進策を打ってきました。取り組む企業への支援策を整備しています。

（1）心の健康づくり計画助成金

・主旨

産業医等と契約して、本格的なアドバイスを受けたいと思っている事業所の方へ助成する。

メンタルヘルス対策促進員の助言・支援に基づき、心の健康づくり計画を作成し、当該計画に基づきメンタルヘルス対策を実施した場合に、費用の助成を受けられます。

・助成対象と助成額

メンタルヘルス対策促進員の助言支援に基づき、心の健康づくり計画を作成し労働者に周知し、対策を実行し、メンタルヘルス対策促進員に実施確認を受けている。

1事業場当たり10万円を上限に、将来にわたり1回限り助成されます。

（2）健康保持増進計画助成金

・主旨

健康保持増進計画を作成すること。

事業者は、作成した健康保持増進計画に基づき、労働者に対する「健康測定」または「健康指導」、事業場内の推進スタッフに対する「研修等」のいずれかの措置を実施すること。

・助成対象と助成額

「健康測定」、「健康指導」及び「研修等」のいずれかの措置の実施費用を助成します。

・助成金額

1事業場当たり10万円を上限に、将来にわたり1回限り助成されます。

第5部 支援策（補助金）の基礎学習をする！
～敵を知り己を知れば百戦危うからず～
（孫子・謀攻より）

補助金プラットフオーム

序　支援策の基礎学習をする意味

　まずは支援策の真実の姿を知るということです。

　高利回りの金融商品には気をつけろということと同じでそれを取り入れて有利なだけの支援策というものはありません。

　そう見えているだけで、国の打つ支援策には一定方向に誘導したい目的性があるのです。

　それを知るべきです。その目的性のタガにはめられていいのかを検討してから活用すべきです。

　自分がしたいことについて支援策を当てはまるならば当てはめていくという考え方ははっきり言って甘いです。

　その程度の思いでは、補助金の世界では今は採択にまでおぼつかないでしょう。

　それほど、補助金を欲しい人が多く激戦化しているのです。（108Ｐでオーデッションの法則で解説）

　そのようなタガにはめられたとしても補助金活用は、意味がある場合があります。

　それは、他人資本で、マーケティングの実験が出来るということです。

＊支援策の酸いも甘いも先に理解して

＊自社の確立された経営計画・経営戦略と照らし合わせてもそのリンクする部分に価値がある

　と感じたら活用に向けて前に進んでください。

　補助金用に経営計画を組み立てるというのは、いずれ、その毒が回り経営がおかしくなります。

　それが第２部で書いた通り、キャッシュフロー経営でなくなってしまうという現象です。

　では、支援策の本当の姿を学習しましょう。

1．発足の歴史から見る

　2012 年に経営革新支援認定機関制度が始まり、大きな補正予算枠をとった経済産業省の補助金の新スキームが始まりました。
　具体的には
・2013 年　補正予算によるものづくり補助金・創業補助金制度開始
・2014 年　小規模事業者経営持続化補助金・全国の市町村に認定市町村制度開始、全国の商工会議所、商工会に対して経営発達支援計画制度開始
・2015 年　補正予算にて省エネ補助金公募開始
・2020 年　ものづくり補助金・持続化補助金でコロナ型制定
・2021 年　事業再構築補助金制定

　というのが、2012 年から始まった一連の動きです。
　重要なことは政治家ではなく官僚のペースで進んでいると言うことです。
　途中消費税増税をはさんでいること、その裏側の論理で進んでいたのも事実です。
　では、ここまでで効果は出ているのでしょうか？
　設備投資額はともかく経済効果としては、あまり効果がありませんでした。経済波及効果がなくとも、一度やり始めたものはやめられないという悪循環に陥っています。
　補助金がなければもっと経済が冷えるのではないかと考えてしまうからです。当然その結果として、国の借金はかさんでいきます。
　官僚のペースで進んでいるということは政治家のペースではないということです。
　2013 年から、補正予算でのものづくり補助金制度が始まりこれは申請件数と言う意味で成功した施策となりました。
　中小企業経営者に施策として受け入れられて、施策としてのヒット策と

して捉えられたのです。

　ここで、2013 年と言うと、安倍政権が実質的に始まった年であり、アベノミクスの一環として安倍さんがやりだしたのではと勘違いしている方が多くいます。

　それは、間違いです。予算はもっと早く決まりますので、スキームが作られたのは野田政権、民主党の時代です。だから官僚ペースなのです。

　安倍さんは施策人気が出たので、自分がレールを敷いたように見せたのです。

　ここで、申請件数が多いので、施策として人気が出て今まで継続している訳ですが、評価基準がそれでいいのかと疑問の方もおられると思います。

　それは、もっともな疑問です。

　ここが、この国の大きな矛盾点です。

　経営効果、ひいては経済効果を評価軸にできないのです。

　まず、経営効果は測られているのでしょうか？

　一応測られていると言っておきます。

　ただし、それは、聞いて決して満足できるようなデータではありません。

　補助金事業の結果報告で完遂せずに終わっている事業所の方が多いのです。

　これが遠因となり、コンサルタントの代筆排除に行政は動くのですが、これは、また後に説明する話です。

　創業補助金に到っては採択者として、発表することが、創業者にプレッシャーをかけるという意味で、事業破たんさせるという逆効果になり補助金自体が消滅しました。

２．役割分担から見る

　補助金は、試験と思い基準点に達するように修練するという側面と、もうひとつ、それをプラットフォームと思いそこに入っていくという発想が必要です。ここを教育を受けているという勘違いのイメージでとらえている人が多いのです。ここでは、補助金というプラットフォームの各プレイヤーの位置づけ、役割を説明します。

（１）　政治家

　政治家は全く動いていないのか？そんなことはありません。持続化補助金などは小規模事業者の基本法に基づき、その制定スキームに関与したと聞いています。

　しかし、一般的に、政治家の関心の多くは個人ベースでの社会保険・健康保険などのスキームであり、中小企業支援については苦手意識が強くなります。

　中小企業の基本財務から考えねばならないからです。

　政治家の頭の中は、個人世帯の会計スキームなのです。

　政治家は地元に帰って様々な要望を聞きます。

　その中に中小企業事業者の声もあります。

　そこで、「＊＊＊補助金をなくさないでくれ」というのもあります。

　その声を上げるのは今年、不採択になった先です。

　次年度、補正予算で制度がなくならなかったら自分の手柄とする訳です。

　全国に帰った政治家がこのような声を聞くので、ものづくり補助金や持続化補助金は多分なくなりません。

　申請件数が官僚と政治家にとって重要な指標なのです。

　ここで纏めますと
・補助金の世界は官僚のペースで進んでいるので政治家の発言はあまり信

じこまないという皮肉な結論です。

　なぜ、補正予算で積まれる補助金が多いのでしょう？

　素朴な疑問として、ものづくり補助金は経常的に実施しているのになぜいまだに補正予算なのでしょうか？

　補正予算計上と言うことが影響しているのか？中身は全く同じなのに名称は毎年細かく変えています。

　これは、本体予算をスリムにしたいというあまり意味のない理由からです。

　しかし、これにより、特に不採択結果を受けた事業者は次の年度の計画が立てにくくなってしまっています。

（2）官僚　政策立案者

　その省庁の補助金の補助金制度を含めて、政策立案の役目を担っています。前項で書いたように中小企業支援のフィールドはすべてここで立案されます。

　中小企業の実態がどうなっているかは一般的に知りません。よって、細部からみると時におかしな補助金施策も出ます。

　補助金成果は基本的に申請件数で見ます。多ければ中小企業を支援したとみなします。

　本来は、経営に対する効果、ひいては経済効果で見ないとおかしいのではないかと思われるかもしれません。

　それらのデータは取ろうとはしています。しかし、発表するのが怖いのです。例えば、ものづくり補助金などは事業化に至っている比率が30％にも及んでいないと聞いています。

　逆に言えば、全ての補助金に経済効果が出ているならば、国の借金はこんなに増えなかったでしょう。

　補助金申請フォーマットについては簡素にするようにという指示が国から出ています。（コンサルタントが関与しないと出せないという現状の方がおかしいのです）。

　なぜ、その指示にそぐわない複雑な形になって行くのでしょうか?

　ひとつには、不正防止の仕組みをその申請書の中に入れ込んでいこうとするからです。

　もうひとつには、省庁の施策をクロスオーバーしていこうという流れがあり、ややこしい加点の仕組みを入れ込んでいこうとするからです。

　ともに、合理的と言えば、合理的なのですが、これで、その補助金の目的性自体がモヤッとしてしまい、申請書作成が煩雑になり、事業主にコンサルタントへの丸投げする誘惑が生まれてしまうということです。

　コロナ期での持続化給付金支出で論議されたように、不正予防措置は別に考えるべきであり、二兎を追うものは一兎をも得ずの方を重視すべきと私は思います。

（3）補助金受付所管

　補助金所管は、公募要項を出して、申請期限までに、申請書を集めて、許される期限までに、審査を終えて採択結果を出すという一連の業務を請け負うゼネコンのようなものです。

　ここで、注意ポイントは審査そのものは外部専門家に委託するということです。

　補助金所管は、公募要綱を出し、期限までに申請書を集めて、ある程度のスパンを見て採択結果を発表するアセンブラーの役割です。具体的にはその結果発表後に、補助金事業実施を管理して、事業終了後に支給申請させるように誘導すると言うところまでの役目です。

　ここで、理解して欲しいのは、審査そのものは専門家に外注しているということです。

　具体的には偏らないように１社につき複数の専門家が評価評点を出して、

それを集計して、一定ラインで足切りして、採択者を出すと言うシステム的・機械的なやり方です。

これを私は非難しているのでは決してありません。

そこを多くの中小企業事業主は1社、1社、評価の責任者がいて、喧々諤々の討議をして採択者を出すという間違ったイメージで捉えています。

そこで、

＊コンサルタントを探して委託する

＊落ちた理由を所管にその落選理由を聞く

など、勘違いしたことをしています。

本書は、審査の流れを説明して、それにマッチする申請方法、不採択を受けた場合のリベンジ方法をわかって貰おうという主旨です。

（4）審査担当専門家

これは、主に中小企業診断士が当たるケースが多いです。大型補助金になると大学関係者や技術士が入るケースもあります。

ここで、ポイントは、偏りを防ぐために1社につき3人程度の複数の審査員が評価するということです。

中小企業診断士には経営管理系のキャリアの人と技術畑の人がいるということで、評価が割れるケースもあります。

この評価の違いは見る視座の差なので、合理的な評価差です。

（5）コンサルタント

これらのアドバイスから完全代行まで、範囲は広いですが、仕事としているコンサルタントは二極化しています。

多くのスタッフを抱える中堅規模級のコンサル会社か、まったくの個人の士業です。

ここで、大きな問題点があります。

審査側はコンサルタントの代筆排除のために、その形跡を見つけようと

躍起になっている中で、コンサルタントは1件ごとのマイナーチェンジはしていないということです。

　これは出来ないのです。

　例えば、手紙の代筆の仕事を10人から受けたとします。その場合、期限が迫られている中で1人1人の個性を捉えて、手作りで書いていくということは余裕はあるでしょうか？論理的には可能ですが実務的には？？？

　最終判断は読者の皆様にお任せします。

　フィーは、補助金受給額の10％が多いゾーンです。その上に、申請までのサポート料を取る人もいます。ちなみに、成功報酬比率は厚生労働省の助成金の方は20〜30％と高くなります。補助金は設備投資が多く、お金が必ずキャッシュアウトするので10％程度が事業所が払える限度なのです。

　採択されてから払える、払えないのトラブルも多くなっています。

　ネットで露出しているコンサルタントの採択率というのは嘘（誇大広告）が多くあります。

＊補助金の採択率は30％程度である

＊審査側がコンサル代筆防止対策を取っている

　と考えると、100％に近いというのは、冷静に考えて「無理」だと思いませんか？これも貴方の判断に委ねます。

（6）申請事業主

　一般事業主は補助金に対して、必要以上の苦手意識を持っています。

　それがコンサルタントにとっては稼ぎのネタなのですが、制度が複雑になるにつれ、コンサルタントへの委託はやむを得ない面もあります。

　動機で一番多いのは、知っている会社がその補助金を取ったのでという支援の横並び意識です。

　言葉を変えるとあそこが貰ったので、自社もというジェラシーにも近い

感情です。

　その補助金を得て、こういう事業がしたいという経営戦略に近い部分の動機は２番手以降となります。

　この動機のすれ違いが、補助金申請書を書くのを苦手にしている理由にもなっています。

　コンサルタントを介さなくても、事業への意識が強ければ、その思いを申請プランとして書くことが出来るからです。

　また、一般的に国の様々ある支援策の理解が薄い感があります。

　コンサルタントに丸投げするのがダメだと言われても、ピンと来ていないのです。

３．審査システム

　専門家に外注する審査も今流行りのリモートワークです。

　審査はリモートワークとなると、どのようなことが起こるでしょうか？

　１件当たりの審査時間をできるだけ短縮しようという動きです。

　それが、悪いとは私は言いません。ぱっと見た印象で、レベルはほぼわかるからです。

　採点はイメージでいうとマークシートの大学受験に近いものがあります。

　よって間違っている行為は、不採択になった後で、所管（ものづくり補助金ならば中小企業団体中央会）に落ちた原因を問い合わせることです。

　問い合わせてもいいのですが、この審査システムを勘違いしているとその後のアクションが頓珍漢なものになるのです。

　問合せる時のイメージは多分、企業ごとの評価責任者が存在すると思っているでしょう？

　しかし、それは複数審査員のつける単純な評価点審査なのです。

　私は、このような単純評価店システムを前提に不採択先には、全てを底上げしなさい、あるいは、プランそのものを再考しなさいとアドバイスし

ますが、この評価システムを勘違いしている事業主には通じていないのが残念です。

　極端な例を言いますと、鎬ぎ合いの中で総合評価点が１点足りなかったという結果もあり得ます。その場合、所管に、どこが足りなかったかを聞いて修正する戦略だと、逆に採択が遠のいてしまうケースも多くあります。

　また、不採択になる理由として

・申請する事業体があまりに生業的で、その補助金事業をするには値しないと思われている。

・財務構造、あるいは損益体制があまりに悪く、同じく補助金事業を完遂するには不安があると思われている。

・その事業計画が、その補助金主旨にあっていない。いわゆるプランの筋が悪い状態になっている。

と、なると申請書を小手先で修正しても意味がありません。

　このような事例が非常に多いのです。

　しかし、これは事業主本人に見えにくいものです。冷静になれないからです。

　一社ごとの審査には時間をかけていません。

　ここで、ぱっと見ての印象で判断するということについて私は非難していないと説明してきました。

　それで正しいのです。これが、オーディションのごとくで、光る申請書は光るのです。

　では、その対策はどのようになるでしょうか？

　ここは順を追って説明しますのでじっくりと考えながら読んでください。

　まず、審査員は、一般的にぱっと見て、申請書をＡ・Ｂ・Ｃに分けます。

Aが採択ラインの内容としてBは、一般的すぎて、残念ですが採択まで行きつかない申請書です。

　このうち、Cの箸にも棒にもかからない申請書は少なくなってきました。

　Cの傾向は書いてあることが絶対的に少ないということなのです。

　行政所管による補助金知識の教育が行きとどいてきたということです。

　よって本書ではCランクからBランクへ上がるノウハウは省略します。

　BランクからAランクに行くための考え方は本書全体で学んでください。

　書くべき要素をしっかり書いていけばBからAへのランクアップは可能です。

　ところが、現在はこのBランクをAランクにするという対策だけでは足りないのです。

　そのAが今はAとA‘となったのです。

　このA‘がコンサルタント関与らしき申請書です。

　ここで、コンサルタント代筆らしきのA‘と思われる申請書の傾向を説明します。

・何回も強みの表現が出てくる

・わざわざフローチャートにしなくてもいいような図が満載である

・機械の性能等の投資効果計算が精緻

・強みの表現でいかにもビジネス本から拾ったような用語が満載である

・強みの表現が大袈裟、何回も出てくる

・ページ数が明らかに多い

・画像数が明らかに多い

　というようなものです。

　そこで興味深い現象は本人が書いているのに代筆らしきA'ゾーンと見られそうな申請書が多いのです。

　では、事業主本人が書いているのにA‘とみなされないためにはどうしたらいいのでしょうか？

　ここで、そうなる原因を考察すると

・もとになるものを同じ情報からとっている。（同じニュース等）
・ベンチマーキング（真似）する手法が高度に発達している
の2つがあります。

　どのようにすれば、「似ていない申請書」になるのでしょうか？

　必要なのは、書く言葉を生きたものにするというトレーニングなのですが、この対策はこの章の中で説明します。

４．補助金ごとの発足主旨から見る

（１）　創業補助金
　本補助金も2013年に補正予算として入ったことで注目を浴びました。

　目的性は中小企業の経営者の高齢化により我が国の事業所数が減って行くことに対する対策です。

　中小企業数が減ると経済のダイナミズムがなくなるというのはお聞きになったことはあるでしょう。

　この制度は華々しく始まったものの事業の実現段階で成功例としてはほとんどありませんでした。

　特に、個人の創業で海外型というのは無理があり、初年度で終わりました。

　補助金主旨には本音と建前があるということを補助金ごとに説明していきますが、この創業補助金が最もそのずれが大きかったパターンです。

　ここで創業の本旨とは何なのでしょうか？

　それは、プランを実現化して、自力で収支を合わせていくということであり、その実態は泥臭いものです。

　その創業の本質と補助金で資金援助を受けるということがそり合わないのです。

　また、創業補助金で採択を受けるということが創業者に要らぬプレッシャーを与えてしまいました。

創業のランニングで成功するためには消費者の満足度で好評価を受けることが必要です。

　補助金の審査員に評価を受けるということはその成功の要因とは一致しないのです。

　そして、2019年に創業補助金で個人に資金を出すという形は消えました。（現在は事業引継ぎ補助金に創業支援型というのがあります）。

　しかし、創業促進補助金は2本立てです。個人の創業補助金として出す形と創業塾などをする相談機関に出す資金です。

　この相談機関に出す補助金の方は残りました。

　これについても私は当初から疑問を呈してきました。そこで教えられるのはいわゆる綺麗な創業の世界なのです。

　どのあたりが綺麗な創業かということについては本書では省略しますが、感覚的に理解して貰えるだろうと思います。
この創業の分野についての支援策の迷走は続くでしょう。

（2）　持続化補助金
　持続化補助金は2014年に、小規模事業者の基本法に基づいて制定されたもので、政権与党への「小規模事業者には何も恩恵が当たらないじゃないか？」という声に応えて作られたもので多少政治的背景があります。このような、補助金をばら撒いていると選挙時に与党有利になるからです。

　発足の経緯は以上の通りですが、補助金の主旨は、その名の通り、経営を持続して貰おうという意図で、その中に、この補助金を活用して自社を大いにアピールしてくれというものでした。

　結局、補助額限度の問題より、広告宣伝費の資金使途がほとんどとなりました。審査のポイントもそれらの経営の強みがリアルに描かれているかという初歩的なものでした。

（3）ものづくり補助金

　この補助金の名前が最も有名になりました。

　補助金の目的性は

・建前は、ものづくり技術の高度化

・本音は、国としての設備投資額・投資率の向上

　です。これは、景気指標として、政府が発表するものです。

　消費税増税の前後にも注視された指標です。

　そして、この補助金の場合、隠された本音というのもあります。

　それは、中小製造業の設備更新です。

　中小製造業（特に部品加工業）の経営者の年齢は高く、その設備も老朽化して来ているのです。

　そうなると起る現象が、歴史の浅い東南アジアの中小企業の設備年数との逆転現象です。

　制度制定側は建前ではものづくり技術の高度化としながらも、部品加工業などは設備の効能ありきだということはわかっているのです。

　この本音と建前をしっかりつかんで申請書作成することが必要です。

　そして、このものづくり補助金の制度発足当時から補助限度額において、プレミアコースが作られました。

　ＩＯＴコースや連携コースなどです。これらは年度ごとにコンセプトは変わりましたが、ひとつとして定着したものはありませんでした。

　このプレミアコース設定の目的性はモデル事業の輩出だっただろうと思われます。

（4）省エネ補助金

　大型補正予算で初めて行った 2015 年に最も申請数が多くなりました。

　この補助金目的はわかりやすく省エネです。補助金支出後のアフターの調査もエネルギー使用量なので主旨がはっきりしています。

　申請書には企業の定性情報である戦略を描くところはありません。省エ

ネ設備投資のビフォァー、アフターエネルギー使用量の数字を埋めていく
だけです。

　この補助金については、設備メーカーの協力が不可欠です。
　申請に関与したことがあるのですが、いわゆる現状の分析でさえ、エネ
ルギーの専門家でないと自信を持って書くことは出来ないことを実感しま
した。
　エネルギーを金銭換算しないといけないのです。（そうしないと電力か
ら風力へ変えるとする時等、エネルギー同士の比較では節減率が算出出来
ません。
　この補助金の審査ポイントは①エネルギー節減率と②そのエネルギー節
減率から割り出される投資資金の回収期間です。
　ここで、根本的な課題をよく聞きました。
　それは、エネルギー効率の悪いやり方をしている会社の方が高い評価が
出る審査の仕組みになってしまうのです。
　この課題に対する補助金所管の解答は明確で「それは、承知している、
それで良い」ということでした。
　この回答から見てもこの補助金が最も主旨の本音と建前の一致した補助
金であると思います。
　意外とよくあるのが、増産体制となった時の比較はどうなるのでしょう
か？と疑問です。
　これについては安心してください。増産で使用したエネルギーが増加し
てもエネルギー効率で見ればよいのです。
　差異分析という考え方を使います。
　増産とエネルギー低減が同時に起こる場合を図に表してみましょう。

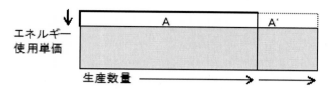

　このような図を示し活用してじっくりと節減効果分を算出してみましょう。縦軸にエネルギー使用単価、横軸に生産数量を置きます。

　省エネ設備投資後のエネルギー使用量は網かけの面積になります。

　そこで省エネ効果は（A＋A`）部分になります。

　Aの部分の面積とA‘の部分を順序立てて算出していくということです。

　なぜ、このような説明を加えるかというと現在、省エネ型というのは、生産設備にも及んでいて、性能の良い生産設備を入れたので増産にもつながったというのは良くある事例なのです。

（5）事業引継ぎ補助金

　この事業継承補助金も目的性は創業補助金と同じく、中小企業の事業所数の維持でした。（事業継承補助金とは制定当初の名称です）。

　事業継承をしない中小企業を放置しておくといずれ廃業精算に向かいます。

　この補助金のうまく機能してこなかったのは、政府の建前と事業者の本音が合わなかったことに加えて、資金使途がすれ違っていたことです。

　事業継承に悩んでいる事業所の最も困っていることは何でしょうか？

　それは、先代の築いた資産ではなくて借金の償還です。

　補助金で得た資金を旧債務の償還に充てるのは禁止されています。

　これは、後掲の法則の中での資金使途転貸の禁止を参照してください。

　それに充てるのは補助金の基本法則に反しているのです。

　制度変遷の中で、旧業種から撤退する時の旧設備の除去費は認められることになりました。

しかし、これは中途半端な費用です。

ここで、その申請条件にもうひとつ面白い変化があります。

従来、国の事業継承施策は親族継承が不文律の基本でした。

それが、この補助金においては　第3者継承（わかりやすい言葉でいえばM&A）でも良くなりました。また創業もこの補助金に組み入れられています。中小企業事業主の高齢化に背に腹変えられぬという状況に至ってしまったということでしょう。

この補助金においても、ポイントは旧事業者の強みを生かしてということになります。

そこがリンクしないと事業引継ぎ補助金という名称で出す意味がないからです。

（6）ＩＴ補助金

このＩＴ補助金の目的性は中小企業でＩＴ化の成功事例を出していこうというのが目的です。

しかし、事業所のＩＴ化というのは、中小企業においては、戦略の考え方も問題であり、投資の問題とはリンクしないということが一般的です。

まったく投資なしに出来るということではありませんが、全社員にIpadを持たせても、それ程の投資にはならないということです。

企業規模にはかかわらず、大がかりなシステム投資した場合うまく稼働している事例というのはほとんどないというのは、皆さまもご存じの通りでしょう。

これは、この補助金を否定するものではありませんので、効果的なモデルとなりえるプランをもっている事業所はチャレンジしてください。

（7）サポイン補助金

　正式名称「戦略的基盤技術高度化支援事業」というサポイン補助金を御存じでしょうか？

　これは、3年計画の補助金で、3年分を合わせると約1億（9,975万円）が確定する補助金で、毎年約300社が申請して約100社が採択を受ける補助金です。

　ポイントは「中小企業が大学の研究機関との連携する事業体」を作るということです。

　これは、サポートインダストリーと名称の通り、国が研究を民間委託するという民活の発想です。

　面白いことに、この補助金はコンサルタントが関与していないケースがほとんどなのです。

　理由として、件数ボリュームとして、ものづくり補助金ほどはないのでコンサル会社が乗りださないということですが、裏面からいうと、「補助金はコンサルタントが関与していなくても申請出来る」ということです。

　私は一度、関与したことがありますが、ものづくり補助金よりポイントをつかめれば申請は楽ですし、審査における紛れもありません。

　採択のポイントは補助事業プランが研究開発の次頁のマトリックス図にうまくあてはまるのかです。

　2軸を取り、1軸を研究技術の類型として、もう1軸を研究の川下の業種分野とします。そこで、過去の研究採択事例が登録されていなければ、採択確率が高いということです。

	分野　　→			○は過去採択テーマ		
	医療	環境	航空	自動車	ロボット	→19項目定義されている
設計	○		○	○		
圧縮成型	○			○	○	
圧延	○	○		○	○	
研磨	○	○		○	○	
製毛			○			
製紙		○				
縫製		○				
染色			○	○		

技術↓

↓26項目定義されている

当然空き枠である方が良い

　また、このサポイン補助金については、経済産業省の範疇に収まるのかという見えにくいポイントがあります。

　例えば、大学の理工系と連携しますと、厚生労働省分野（例えば医学など）に踏み込んでしまうケースが多いのです。そうなると厚生労働省に遠慮して不採択になります。（その他では農水省の範疇に踏み入るケース）

（8）事業再構築補助金

　これは、コロナ禍に対して、非常に困っている流通業に対してあてたもので、ここでも、好事例を輩出していこうというものです。

　ここでその好事例というものについて、論点があります。

　補助金支出の条件が100万から8,000万までのどの層を狙っているのかという点とリーフレットに乗っているのはどちらかというと業種転換の事例で経営の仕組みを再構築するという色は薄くなっています。

　これは、例として書きにくいので結果的にそうなったとも考えられます。

　人によっては単純な業種変えでもいいのだという人もいます。

　しかし、私は、単純業種変えのプランで多額の補助金を特定の会社のために出してしまうと、「公平性の原則」にそぐわないのではないかと思います。（公平性の原則については109P説明しています）

5．落ちる申請書の類型化

　ずばり御社の申請書に当たってしまうこともありそうですが、ここでは冷静に反省しましょう。

・我社の製品の品質は高品質のような言葉が、何回も出てくる。
・強みの表現がいかにもビジネス本からとった流行りの言葉で羅列されている。
・表現が大げさである。事業計画で一人の雇用を計画するだけで、地域の雇用の受け皿になるような表現がある。
・改めてスキーム図にしなくてもわかることを大きなスペースとって図示しいしている。
・申請書全体が会社案内に見える
　これらは、わかると思いますが審査員から見るとマイナスの印象にしかなりません。
　また、近年、審査員が対策に腐心しているというコンサルタント代筆行為に見えるということにもなります。
ではどうすればいいかというと
・自分の言葉で
・いいたいことを重ねずに
・簡潔にアピールする
　ということです。

（1）コンサル排除対策の対策？
　近年の傾向として、何かの課題に対して、書かれるレポートは非常に似通っています。
　換言するとオリジナリテイがありません。
　では、どのようにすれば、「似ていない言葉」になるのでしょうか？

それは、実学、あるいは、実践です。（下図が理想）

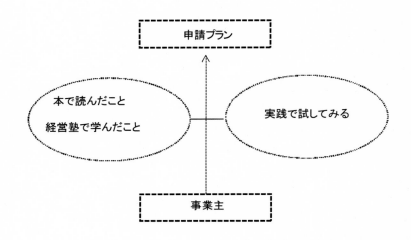

　本で読んだことを、経営塾で学んだことを自社事業を通じて実践することで、自然に自分の言葉になって行きます。

　しかも、それが自社のしてきたことなので、強い申請書となるのです。

（2）ものづくり補助金に外れる申請類型検討
　ものづくり補助金で採択にあてはまらない類型を検討してみましょう。

①個人でのものづくり補助金申請
　これは、補助金の公式の補助金で個人への資産譲渡はしないというところに反します。

　特定個人に、それを与えてしまうと公平性の原則から外れるのです。

　ものづくり補助金を例に取ると実質的に個人が申請するプランは発明に近いものがあります。

　それでは、だめなのです。

　しっかりとした組織が、人材、資金、設備を動かしていくところに経済効果が生まれ、雇用も発生すると国は見るのです。

　別の視点で見ると組織がないと事業段階で実現可能性が低いということもいえます。

　ただ、これもケースバイケースです。持続化補助金などは小規模事業者も含めて申請の対象と見ていますのでこの禁止事項の当てはめる色彩は多少は弱まります。

②新分野進出のようなプラン

　過去にこの新分野進出の施策がとられたことがあるのです、しかし、その結果はほぼ全滅でした。

　それは、過去のキャリアとシナジー効果がないという理由からでした。

　進出先での既存事業者との競合に負けるということです。それはノウハウがないからです。

③決算状況があまりに悪い事業体の申請

　決算書で、財務状況があまりに悪い状況、あるいはあまりに零細な状況です。まず、補助金は財務の悪い先の救済ではないことを知るべきです。

　こういう理由は、自社サイドからは、見えにくいものがあります。この財務悪化は事業の実現性において資金面からの不安要素があるので実現可能性という面で評価点が悪くなってしまうということなのです。

（３）明らかに書いてはいけないこと
①投資設備の機械の性能

　これは、勘違いされている方が多くいます。

　まず、審査員には設備の専門的な説明をされてもわかりません。それを、評点に入れると申請プランの評価がおかしくなります。元来が試作開発のプランの有効性を計るものなのです。審査要綱にも、設備の効能というこ

とは一切書かれていません。

　新設備の画像について考えてみましょう。冷静に考えて事業主が、新設備のパンフレットからスキャナーで読み込んでわざわざ申請書内に載せるというのは、考えられるでしょうか？この種の写真の載っているのは、設備業者が代わりに書いているのではと審査員に疑われます。

②省力化計算

　これは合っているようで間違いです。

　現実的にはその通りなのだと思いますし、近年の設備は自動化が図られているのも理解できます。

　最近、加点項目で、賃金向上要件があります。ここで、政府が何をいいたいのか大いに察してください。

　企業によっては、省力化計算⇒省力化人員数⇒営業マンにシフトと、リストラしないというころまで、説明している例もありますが、その流れは無理があります。

　ここでは設備による省力化計算はあえて、触れないことです。

　単純に、その設備で、ものづくりの高度化を図るという表現で十分です。

　事業計画で説明しますと付加価値額（営業利益＋人件費＋減価償却費）までを意識していれば十分です。

③同業他社との設備比較

　「——地域では設備投資が遅れているので、当社が導入すると優位性が発揮できる」と持っていく書き方です。いっていることは間違いではないのです。マーケットを把握しているかという評価項目もあります。

　しかし、そのマーケットとは市場のことです。もっと大きな視点で捉えるべきです。

　「この設備を入れると」という部分が補助金によっており、「特定企業を利するために支出するものではない」という基本法則に反するからです。

　これも、真剣な企業ほど間違います。その理由は補助金主旨の取り違えです。

④ビジュアル・画像が多すぎる！
　制度発足当時は画像を多くつけているのが良いとされていましたが、現在では審査上逆に作用します。コンサルタントが代行して作ったと錯覚されやすいのです。
　新設備の画像・新設備の効能・申請書内に書いてある業務の内容のフローチャートの画像は要りません。
　業務のネットワーク図も外注先や金融機関とのネットワークや、組織図といっても単純なライン組織の場合は図は必要ありません。箇条書きでかなり全体枚数を抑えられます。
　効果的なのは、自社技術のわかるような画像、あるいは、革新的サービスの仕組みのわかる図です。

6．補助金の法則・鉄則を知る

（1）「補助金は競争」グループ
①オーディションの法則
　これはエントリー形式で、合格者が審査の上発表されるという形式の場合に起こる現象で、実質的な競争率は毎年上がっていくという現象を示します。
　これは他人あるいは他者の見えないところでの努力は制御できないということです。よってエントリーに参加するものは、人より早く万全の準備をする以外に道はありません。
　この法則に派生する３つの経験則があります。
　まずは複数回の公募があるときは、初回の公募の方に間に合わせるということです。
　２回目以降の公募に申し込むということについてはその根拠はなく、通常準備するのに時間がかかったという理由がほとんどで熱意の面で初回公募をする企業に負けています。
　２回目以降の公募の方が予算配分が多めになるかどうかというのは全くの非統制要因であり、それをあてにするというのは理にかなっていません。
　もう一つは原始的なことですが、オーディションの本質として申し込まないと当選はないということです。
　なぜこれをいうかというとモヤモヤと考えているだけで一向に実行をしないという会社は意外と多いからです。熱意の面で明らかに負けています。
　最後に審査の評価スタンスです。オーディションでは、多くの場合、頼るのは自分のインスピレーションです。コメントは後づけです。これを第一章の事業再構築補助金の自己採点法などに反映させて説明してきました。
　オーディションで光る人（プラン）は光るのです。

②ステップアップの鉄則

　補助金には体系図というのがあります。

　それは、階段式のステップになっています。

　それを飛び級するのはやめた方が良いと思います。

　ハードルが高すぎるからです。

　良いコンサルに頼めば可能のように思われます？そこが間違っているのです。御社の経営のレベルがそこまで達しているかがポイントなのです。

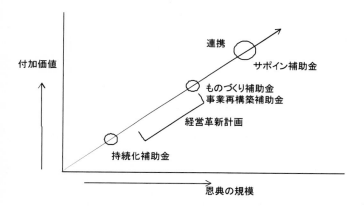

　簡単に説明しますと、持続化補助金でPDCAサイクルを回すということを知って貰い、ものづくり補助金や事業再構築で新たな開発事業というプランニングを知って貰い、最終形として、事業者同士の連携や大学の研修シーズを活用して貰うという発展形です。

（2）公平性グループ

①公平性の原則

　これをわかっていない人が圧倒的ですので、是非理解してください。

　それは、補助金の公平性の原則で、特定個人、特定法人が資産で利する形になってはいけないということです。

この法則が、わかっていないと申請書でどういう形で出るかというと補助金で設備導入する設備自体が
・差別化要因
・自社の強み
となってしまっている構図です。

具体的にいうと今回補助金で導入する設備で市場での優位性を保つという流れです。

しっかりとこの法則を理解している審査員なら、この話の流れを読むと「あれ？」となり、「補助金によりこの企業を有利にさせて良いのか？」となってしまいます。（この法則のわかっていない審査員もいます）。

自社の強みというのは、「そこまでの技術力」「仕組みとしての強さ」で証明しないといけないのです。

②資産贈与不可の法則

これが最もわかりにくい法則です。補助金は個人資産を与えるために出すのではありません。モデル的事業所を輩出して、経済効果を出すために支出するのです。特定個人に出してしまうと公平性の原則に反するのです。

これは、大震災後の復興支援についても同様なのです。整備されていくのは個人に資産を与えるのではなく、新しい街づくりに対して支出されているのです。

これが補助金申請のどこに引っかかってくるのかというと、いかにも個人でやっているような事業体に大型補助金は当たりません。

雇用の発生という面からもそれは反してしまうのです。

（3）資金運用適正化グループ
①資金使途転貸禁止の法則

これは、補助金だけではなくて、借り入れとも共通の法則です。

資金使途を申し込んだ通りに使わないといけないというものです。

これを踏み外している例も時にあります。

今回、コロナ危機においては借り入れで多少この定義は薄まりました。

それ程の緊急事態だったのです。どういうケースかというと飲食業で運転資金を借りておきながら、一時的に閉めてしまって景気の様子を見る、その間、生活費として取り崩すというケースです。

中には借りたけれど、今のところは収支は安定してあるので、株式投資に回しているという企業もあります。

ここで、注意して欲しいのは、補助金の資金使途に旧債返済資金という目的性は基本的にないということです。これは、支援策の通則です。

補助金で得た資金で借金を返してはいけないのです。

国が支援したい人とは違う人に資金が渡ってしまうからです。

じゃあ、苦しくなったらどうするんだ？という人は事業での儲けで返してください。それでもだめならいったん破たんです。

そこで、一度破たんした先には再チャレンジという支援策があります。

これが中小企業支援の考え方なのです。

② 「開発リスクを負うものに補助金はある」の法則

最近、時にあるのが、自社ではリスクを背負わないで、補助金を得ようというパターンです。

例えば、ものづくり補助金で、自社で開発しないで、ファヴレス形式で委託して補助金請求するようなプランです。

この場合、ものづくりのリスクを負うのはその外注の会社です。

国の意図はリスクがあるから補助しようとするものです。

具体的にはこの場合、外注費が一定割合を超えると中抜きとみなされ申請不可能となるケースがありますが、この比率も問題より補助金の本旨を理解してください。

ファヴレス経営が悪いとはいっていません。補助金申請とは主旨が合いませんよということです。

7. 補助金申請の神髄

（1）オーディションに打ち勝て

　オーディションはオーディションと割り切って勝ち抜けばよいのです。

　そして、落ちたら捲土重来を期して、再挑戦すれば良いのです。

　落ちたことで必要以上に落ち込むことはありません。採択率40％の補助金は半数以上が落ちるのです。

そのために

　・経営力を上げて

　・プラン内容を練り直して

レベルアップして臨めば良いのです。

　そこを、このコンサルタントがダメだったので、今回はあのコンサルタントでというのは間違っていませんか？

（2）同一補助金のリピートはするな！

　リピートとは過去採択を受けた補助金に再度挑戦することです。

　これは、所管は本来、事業期間が重なる場合以外は、基本的に申請を妨げられません。

　しかし、一定の補助金のリピート活用に精力をつぎ込むのは良くありません。（せめてレベルアップした支援策に臨みましょう）。

　事業の第一義は儲けを出して、継続して行くことです。

　そう考えると支援策にばかりによりかかる体制は、事業体を強くすることに相反します。

　採択が目的ではなく計画を実践していくことに意味があると考えることが大切です。

　申請段階で考えた計画を実践して行くことにこそ意味があります。

　補助金申請テクニックばかり強くなるなということがいいたいわけです。手段を目的化するなということで、最も重要なことは本業で稼ぐ力をつけ

ることです。

（3）たかが補助金、されど補助金

　私が一連の書籍を書いた思いは、補助金申請という行為を「鬼っ子」にしたくないということです。

　「鬼っ子」とは、その実態以上に恐れなどを抱いてしまう心理を示します。

　　この補助金申請だけなく、中小企業は自社業務の中でこの鬼っ子の仕事を作ってはいけません。

　社員が変な恐れを抱いてしまい余計にミスします。いやその前に、その仕事を担当したくなくなります。

　そのために補助金の真の姿を隠すところなく説明してきたつもりです。

　そして、「たかが補助金、されど補助金」のマインドで臨んでください。

　たかがの部分は、本書で説明してきました。単純な採点システムなどです。

　されどの部分は

＊がんばっても採択率の30％の補助金は落ちる事業所の方が多い

　でも

＊補助金採択後に事業成果を出せる企業にとっては大きな武器になる

　ということです。

おわりに

　週休３日、４日、在宅ワーク、オンライン会議等が現実化してきました。
　コロナによって働き方が変わる機会になり、コロナによる変化を会社にとってチャンスと捉えるか、マイナスと捉えるかで、企業の未来が変わるでしょう。
　チャンスと捉えるなら、「今、やるべきことは何か？」
　色々ある中で、「健康経営」に取り組み、「健康経営優良法人認定」を受けることで企業価値が上がると考えます。
　・経営者はもちろん従業員全体の健康意識を高めること。
　・すべての社員が元気で長く働き続ける環境づくり。
　従業員等の健康増進や労働衛生等への取り組みを経営的な投資と前向きに捉え、従業員の活力向上、生産性の向上をもたらし、業績の向上、企業イメージの向上につなげるために「健康経営」を始めましょう。

　　　　　　　　　　　　　　　　　　　　漢方錦　　石蔵友紅子

　事業再構築補助金は、不採択になった人に大きな課題を投げかけました。
　諦めるのか？
　練り直すのか？
　いずれの道でも反省は必要です。

　高校野球の甲子園でのトーナメント同じく、補助金申請はいずれ不採択を食らいます。ままならないものなのです。
　その時どう考えるかが、重要です。

　現下は戦略を考えるのに非常に難しい時代です。
　はっきりいって正解の答えは出ないのかもしれません。

　それでも考え続けるべきです。

　その結果、お金の要らない戦略にいきつく可能性も大です。なぜなら人の求めているのものは、モノからコトへ変わりつつあるからです。

　最近はマーケティングを兼ねてスモールスタートするという考えも一般的になりました。

　考え続ける努力に疲れた人から、プランから補助金申請用紙に変わってしまうのかもしれません。

　2020 年から起こったコロナ禍はそのことに早く気が付けという神の啓示なのかもしれません。

　そのように考えると、災い転じて福となるとことが出来るのではないでしょうか？

ものづくり補助金情報中心　西河　豊

　御社の継続的発展を祈っています。

【好評の読者へのプレゼント】

本書の読者の皆さまへ、感謝を込めてプレンゼントいたします。

愛読者プレゼントサイト

この本の読者様に「経営者の健康を応援するサプリメント5日分」をプレゼントいたします。下の QR コードを読み取り、必要事項をご記入の上お送りください。

申し込み URL

〈お問い合せ先〉

漢方錦　代表者　石蔵　友紅子

〒604-8045　京都府京都市中京区蛸薬師通寺町西入る

円福寺前町 268-5 邑粧ビル 301

※特典サービスは、予告なく終了する場合がございますのでご了承ください。

【好評発売中】

事業再構築補助金　事業計画書の書き方を優しく解説した姉妹編！

非接触ビジネス推進と事業再構築

～事業モデル化と事業再構築補助金の研究～

西河　豊・秦　博雅　著　三恵社

１，６２０円（税別）

〈お問い合せ先〉

西河経営・労務管理事務所／ものづくり補助金情報中心　代表者　西河　豊

〒618-0091　京都府乙訓郡大山崎町北浦２－６，１－４０３

著者略歴

氏名：西河　豊
にしかわ　ゆたか

1959年　京都府京都市生まれ

西河経営・労務管理事務所、ものづくり補助金情報中心代表
センター

資格：中小企業診断士、社会保険労務士、経営革新支援認定機関

1984年4月〜2000年2月　金融機関勤務

2000年独立開業

2016〜2017年　大山崎町商工会会長

執筆：「補助金獲得へのロードマップ」「助成金獲得へのロードマップ」2019年

「待ったなし！外国人雇用」2019年

「非接触ビジネス推進と事業再構築」2021年　以上　三恵社

学歴：大阪外国語大学　中国語学部（現大阪大学　国際学部）

氏名：石蔵　友紅子
いしくら　とくこ

：1963年京都府京都市生まれ

漢方錦　代表　漢方療法推進会会員、小太郎漢方匙倶楽部会員
かんぽうにしき

資格：医薬品登録販売者、健康経営アドバイザー（東京商工会議所認定番号

21001261）

1986年大学卒業後アパレルメーカーに就職

1990年家業の錦薬局に転職、「西洋医学や病院の治療では病気は治らない」

と感じ漢方医学（中医学）、カウンセリング、コーチングを学び、問診に取

り入れる。

2020年ストレスや悩みを他人に話しにくい経営者のためにコーチングを

はじめる。

2021年社員の健康増進のために健康経営の取り組みをはじめる。

学歴：青山学院大学経営学部経営学科卒業

事業再構築の教科書
　―補助金の結果分析から不採択対応策まで―

2021年11月5日　　初 版 発 行

　　　　　　　　　　　　　　著　者　　西河　　豊
　　　　　　　　　　　　　　　　　　　石蔵　友紅子

　　　　　　　　　　　発行所　　株 式 会 社　三 恵 社
　　　　　　　　　　〒462-0056 愛知県名古屋市北区中丸町2-24-1
　　　　　　　　　　　　TEL 052 (915) 5211
　　　　　　　　　　　　FAX 052 (915) 5019
　　　　　　　　　　　　URL http://www.sankeisha.com

ISBN978-4-86693-529-4